"十四五"职业教育国家规划教材

商品流通企业会计

主　编　郑红梅　王　艳
副主编　王宗砚

北京理工大学出版社
BEIJING INSTITUTE OF TECHNOLOGY PRESS

版权专有　侵权必究

图书在版编目（CIP）数据

商品流通企业会计/郑红梅，王艳主编．—北京：北京理工大学出版社，2023.7 重印
ISBN 978-7-5682-7048-9

Ⅰ．①商…　Ⅱ．①郑…②王…　Ⅲ．①商业会计-中等专业学校-教材　Ⅳ．①F715.51

中国版本图书馆CIP数据核字（2019）第090426号

出版发行 / 北京理工大学出版社有限责任公司
社　　址 / 北京市海淀区中关村南大街5号
邮　　编 / 100081
电　　话 / （010）68914775（总编室）
　　　　　（010）82562903（教材售后服务热线）
　　　　　（010）68944723（其他图书服务热线）
网　　址 / http://www.bitpress.com.cn
经　　销 / 全国各地新华书店
印　　刷 / 定州市新华印刷有限公司
开　　本 / 787毫米 × 1092毫米　1/16
印　　张 / 11　　　　　　　　　　　　　　　　　　　责任编辑 / 张荣君
字　　数 / 255千字　　　　　　　　　　　　　　　　文案编辑 / 代义国
版　　次 / 2023年7月第1版第2次印刷　　　　　　　　责任校对 / 周瑞红
定　　价 / 32.00元　　　　　　　　　　　　　　　　责任印制 / 边心超

图书出现印装质量问题，请拨打售后服务热线，本社负责调换

前言
PREFACE

党的二十大报告指出："教育是国之大计、党之大计。培养什么人、怎样培养人、为谁培养人是教育的根本问题。""培养造就大批德才兼备的高素质人才,是国家和民族长远发展大计。"国家统筹职业教育、高等教育、继续教育协同创新,推进职普融通、产教融合、科教融汇,优化职业教育类型定位。

基于此,本教材以"立德"为导向,深入贯彻对职业教育人才培养的要求,反映教学改革的最新成果,强化培养学生的实践技能并有机地融合知识、技术、能力、素质等要素增强学生的就业与创业能力,同时本教材以财政部最新修订颁布的企业会计准则及其应用指南为依据、体现国家财税改革的最新成果。

本教材的主要编写内容有:批发企业的核算与零售企业的核算,商品流通企业主要涉及到的经济业务,费用、利润、税金的核算以及财务报告的编制,教材中设计了知识目标、技能目标、思维导图和具体内容四大模块的内容。

本教材具有以下特点:

(1)体系完整,详略适度。本教材基于商品流通企业的基本业务,着重介绍了商品流通企业的两大类企业,批发企业和零售企业的基本核算方法,又对商品流通企业的特殊业务进行了介绍,使学生从整体上对商品流通企业这一行业的会计核算有系统的认识、具备进行该类企业主要经济业务核算的基本职业能力,并为学习后续专业课程做前期准备。

(2)形式多样,突出实践。按照职业教育人才培养的目标和规格,采用表格、图片、案例等多种表达方式,力求深入浅出、通俗易懂,具有一定的实用性和可操作性的特点,力求做到课岗融合,零距离就业。

本教材需要学生们已经掌握基础会计的基本知识,该课程的学习可以作为财务会计课程的有力补充,也可以为学生后续的审计、财务管理、综合实训等财务核心课程奠定基础。

本教材有助于学生了解商品流通企业财务会计的核算内容,除可作为职业院校会计专业学生教学用书外,还可以作为财务管理、工商管理、财政税收、金融证券等专业的教学用书,也可作为从事会计、审计、财务管理、证券监管和银行监管、税务稽核等相关实际工作的人员进行培训和自学的参考资料。

本教材的编写参考了有关专家教授编著的教材,在这里表示由衷的感谢!由于水平有限,时间仓促,本教材难免存在一些缺点和错误,期望同仁批评和赐教。

编　者

目录 CONTENTS

项目一　商品流通企业会计概述 ⋯⋯⋯⋯⋯⋯⋯⋯⋯⋯⋯⋯⋯⋯⋯⋯⋯⋯⋯⋯⋯ 1
　任务一　认知商品流通企业 ⋯⋯⋯⋯⋯⋯⋯⋯⋯⋯⋯⋯⋯⋯⋯⋯⋯⋯⋯⋯⋯⋯⋯ 2
　任务二　认知商品流通企业会计 ⋯⋯⋯⋯⋯⋯⋯⋯⋯⋯⋯⋯⋯⋯⋯⋯⋯⋯⋯⋯⋯ 5
　任务三　认知商品流转的核算方法 ⋯⋯⋯⋯⋯⋯⋯⋯⋯⋯⋯⋯⋯⋯⋯⋯⋯⋯⋯⋯ 8

项目二　核算批发商品 ⋯⋯⋯⋯⋯⋯⋯⋯⋯⋯⋯⋯⋯⋯⋯⋯⋯⋯⋯⋯⋯⋯⋯⋯⋯ 13
　任务一　核算批发商品的购进 ⋯⋯⋯⋯⋯⋯⋯⋯⋯⋯⋯⋯⋯⋯⋯⋯⋯⋯⋯⋯⋯⋯ 14
　任务二　核算批发商品的销售 ⋯⋯⋯⋯⋯⋯⋯⋯⋯⋯⋯⋯⋯⋯⋯⋯⋯⋯⋯⋯⋯⋯ 22
　任务三　核算批发商品的储存 ⋯⋯⋯⋯⋯⋯⋯⋯⋯⋯⋯⋯⋯⋯⋯⋯⋯⋯⋯⋯⋯⋯ 28

项目三　核算零售商品 ⋯⋯⋯⋯⋯⋯⋯⋯⋯⋯⋯⋯⋯⋯⋯⋯⋯⋯⋯⋯⋯⋯⋯⋯⋯ 37
　任务一　核算零售商品的购进 ⋯⋯⋯⋯⋯⋯⋯⋯⋯⋯⋯⋯⋯⋯⋯⋯⋯⋯⋯⋯⋯⋯ 38
　任务二　核算零售商品的销售 ⋯⋯⋯⋯⋯⋯⋯⋯⋯⋯⋯⋯⋯⋯⋯⋯⋯⋯⋯⋯⋯⋯ 44
　任务三　核算零售商品的储存 ⋯⋯⋯⋯⋯⋯⋯⋯⋯⋯⋯⋯⋯⋯⋯⋯⋯⋯⋯⋯⋯⋯ 52
　任务四　核算鲜活商品 ⋯⋯⋯⋯⋯⋯⋯⋯⋯⋯⋯⋯⋯⋯⋯⋯⋯⋯⋯⋯⋯⋯⋯⋯⋯ 57

项目四　核算商品流通企业常见业务 ⋯⋯⋯⋯⋯⋯⋯⋯⋯⋯⋯⋯⋯⋯⋯⋯⋯⋯⋯ 61
　任务一　核算折扣、折让 ⋯⋯⋯⋯⋯⋯⋯⋯⋯⋯⋯⋯⋯⋯⋯⋯⋯⋯⋯⋯⋯⋯⋯⋯ 62
　任务二　核算退货 ⋯⋯⋯⋯⋯⋯⋯⋯⋯⋯⋯⋯⋯⋯⋯⋯⋯⋯⋯⋯⋯⋯⋯⋯⋯⋯⋯ 65
　任务三　核算商品退补价 ⋯⋯⋯⋯⋯⋯⋯⋯⋯⋯⋯⋯⋯⋯⋯⋯⋯⋯⋯⋯⋯⋯⋯⋯ 68

| 任务四 | 核算拒付货款和拒收商品 | 71 |
| 任务五 | 核算存货跌价准备 | 74 |

项目五　核算商品流通企业其他业务　80

任务一	核算委托加工业务	81
任务二	核算代销业务	84
任务三	核算出租商品	89
任务四	核算包装物	91

项目六　核算商品流通企业的费用、税金和利润　98

任务一	核算费用	99
任务二	核算税金	106
任务三	核算利润	119

项目七　编制财务报表　129

任务一	财务报表概述	130
任务二	编制资产负债表	135
任务三	编制利润表	151
任务四	编制现金流量表	159

参考文献　169

项目一

商品流通企业会计概述

知识目标

- 认识商品流通企业。
- 熟悉商品流通企业经济活动的特点。
- 掌握商品流通企业会计的确认基础。
- 掌握商品流通企业会计的计量属性。
- 掌握商品流转的4种核算方法。

技能目标

- 能根据商品流通企业会计的实际情况,确定应该使用的计量属性。
- 能根据不同的商品流通企业的实际情况情况选择适合的核算方法。

素质目标

- 通过了解我国商品流通企业的发展现状使学生深刻到我国改革开放和社会主义现代化建设取得巨大成就。
- 培养学生严谨治学的学风和会计职业行为规范。加强对学生职业素养、职业道德、职业行为规范的培养,促使学生养成精益求精、一丝不苟的良好习惯,养成良好的会计职业素养,具备会计职业道德,会计职业行为规范,做到"爱岗敬业,遵循准则,不做假账"。

知识导图

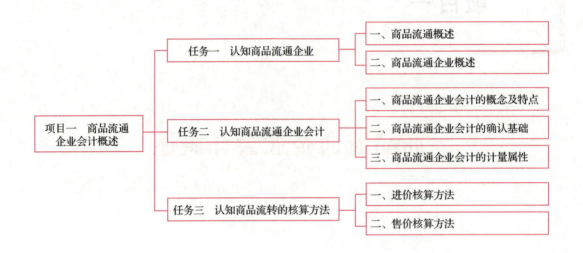

任务一　认知商品流通企业

引导案例

小王和小赵都是财务人员，找工作时遇到了3家企业：华丰公司是一家主要从事服装批发业务的公司；凯润商场是一家从事服装零售的公司；枫叶制衣厂是一家从事服装生产的企业。小王想从中选择一家商品流通企业，小赵想从中选择一家制造业企业。

思考：这3家企业哪家是商品流通企业，哪家是制造业企业，这两类企业相比各自有什么特点？

一、商品流通概述

商品流通是指商品流通企业通过购销活动把商品从生产领域向消费领域转移的过程。

商品流通具备两个特点：一是商品流通的前提必须是商品实物已经转移；二是商品实物的转移必须通过货币支付，没有通过货币支付的实物转移，或者只有货币支付而没有实物转移的，都不属于商品流通。

商品流通业务的环节主要有商品购进、商品储存、商品销售，如图1-1所示。

图1-1 商品流通业务的环节

1. 商品购进

商品购进是指商品流通企业为了销售或者加工后销售，通过货币结算而取得商品所有权的交易行为，是商品流通的起点。商品购进的过程，也是货币资金转换为商品资金的过程。商品购进环节为商品销售环节准备充足的商品，以备货源充足，减少缺货的成本。

☞提示

凡是不通过货币结算而购进的商品，或者不是为销售而购进的商品，都不属于商品购进的范围。例如，收回加工的商品、收回购货单位拒收的商品、接受其他单位赠送的样品等，都不属于商品购进范围。

2. 商品储存

商品储存是指商品流通企业购进商品在销售以前存放在企业仓库的一种状态，是商品购进和商品销售的中间环节。

3. 商品销售

商品销售是指商品流通企业通过货币结算而售出商品的交易行为，是商品流通的终点。通过商品销售减少了商品储存的数量，同时减少了商品储存的成本。这个环节既为商品流通企业带来了收入，又减少了日常的经营成本。

☞提示

凡是不通过货币结算而发出的商品，均不属于商品销售的范围，主要包括：因财产交接而交出的商品和赠送给其他单位的样品；发出加工的商品，进货后因质量等原因退货的商品等。

商品流通的3个环节相互依存，缺一不可，不能盲目扩大某一环节的数量和金额；否则，会引起商品流通企业日常运营的混乱。

二、商品流通企业概述

（一）商品流通企业的含义

商品流通企业是指从事商品购销的行业，是具有法人地位的独立经济组织。它是工业和农业之间、城市和乡村之间、生产和消费之间及国内市场和国际市场之间的纽带，是国民经济的重要组成部分。

(二) 商品流通企业的经济活动特点

与工业企业等其他行业企业的经营活动相比，商品流通企业具有以下3个特点。

1. 商品流通企业只从事商品交换而不从事商品生产

商品流通企业的主要经营活动是组织商品流转，在商品流转的过程中，资金活动的轨迹是"货币—商品—货币"。由"货币—商品"是购进过程，由"商品—货币"是销售过程，这两者中间是商品储存过程，全过程不生产产品，因此没有生产过程。

2. 商品流通企业的经营方式多样化

商品流通企业的经营方式有批发经营、零售经营及批零兼营。批发企业和零售企业是商品流通企业组织商品购销活动最基本的组织形式，它们在商品流转中处于不同地位，起着不同的作用，并各具特色。

批发经营是指在商品流通环节中，专门组织商品的批量购销活动，一般是从生产企业或其他批发企业购进商品，销售给零售企业或其他批发企业的经营方式。其在商品流转中处于起点或中间环节，是组织城乡之间、地区之间商品流通的桥梁，一般不直接与消费者发生交易；购销活动结束后，商品没有成为最终消费品，而是仍处于流通过程。

批发经营的核算主要在项目二中进行讲解。

零售经营是指在商品流通环节中，从生产企业或批发企业购进商品，销售给个人或其他消费团体的经营方式，它是商品流转的重点。销售活动结束后，商品进入消费领域，实现了使用价值和价值，商品流转过程结束。

零售经营的核算主要在项目三中进行讲解。

批零兼营是指商品流通企业既从事商品批发业务，又兼营商品零售的经营方式，商品流通企业的会计核算，应适应不同的经营方式。

> **知识拓展**
>
> 商品流通企业还可以按照商品所有权是否转移划分为经销和代销。经销（定约销售）是由经销商按照与生产厂商签订的经销协议所规定的范围经销商品；代销是代理商受另一企业或个人委托代理销售指定的商品，双方只是代理与委托关系，没有发生商品所有权转移。

3. 商品性存货在企业资产总额中占有较大的比例

商品流通企业的存货主要是商品存货，存货类别单一，但商品存货品种多，规格复杂，在企业资产总额中占非常大的比例。为了便于管理，库存商品可以按照品种、类别、柜组等进行划分。商品流通企业的利润主要来自于商品销售。

任务二　认知商品流通企业会计

> **引导案例**
>
> 华丰公司是一家主要从事服装批发业务的公司，小张是该企业的财务人员；凯润商场是一家从事服装零售的公司，小李是该企业的财务人员；小张和小李认为他们的会计核算方法不同，所以他们两家企业的会计核算的确认基础和计量基础都不同。
>
> **思考：** 你认为它们的会计核算确认与计量的基础是什么呢？

一、商品流通企业会计的概念及特点

（一）商品流通企业会计的概念

商品流通企业会计是应用于商品流通企业的一门专业会计，它是以货币计量为基本形式，运用专门的程序和方法对企业在组织商品购销存中发生的交易和事项进行会计核算、监督。其基本目标是向会计信息使用者提供与企业财务状况、经营成果和现金流量等有关的会计信息，反映企业管理层受托责任履行情况，有助于他们做出经济决策。

（二）商品流通企业会计的特点

与工业会计相比，商品流通企业会计主要有以下特点。

1. 核算和监督的中心内容是商品购销存业务

商品流通企业购、存、销是其主要的经营活动内容，没有生产活动。因而，商品流转的购进、储存、销售业务活动是商品流通企业会计核算的核心内容，在核算上不需要考虑产品生产成本的计算问题。

2. 库存商品的计价核算方法多样化

商品流通企业的库存商品是存货的重要组成部分，不同组织形式的商品流通企业应根据自身的经营特点和管理要求，对商品流转的核算采用不同的计价方法。商品流转的核算方法主要有售价法和进价法两类，具体又可以细分为数量进价金额核算法、进价金额核算法、数量售价金额核算法和售价金额核算法4种。

3. 采购费用的处理灵活

商品流通企业对采购费用的处理有较大的灵活性。处理的方法有以下3种，如图1-2

所示。

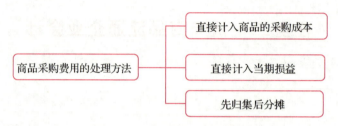

图 1-2 商品采购费用的处理方法

一是直接计入商品的采购成本。可以把采购商品过程中发生的采购费用直接计入商品的采购成本。由于这种核算方法的工作量大，因此，一般适用于采购费用较大或商品品种不多的商品流通企业使用。

二是直接计入当期损益。可以把采购费用直接计入"采购费用"，月份终了再将其转入"本年利润"。这种核算方法较为简单，但采购费用全部计入当期的销售费用，由当期的商品负担，没能体现出权责发生制原则。一般适用于商品规格多、采购费用较少的商品流通企业使用。

三是先归集后分摊。可以把采购费用归集到"进货费用"，期末根据所购商品的存、销情况进行分摊：对于已售商品的采购费用，计入当期损益；对于未售商品的采购费用，计入期末存货成本。这种核算方法核算工作量较大，一般适用于商品品种较多、采购费用较大的商品流通企业使用。

> ☞ **想一想**
>
> 为什么工业企业的采购费用计入采购成本，而商品流通企业的采购费用的处理有这3种情况呢？

> ☞ **知识链接**
>
> 商品零售小企业发生的采购费用，计入"销售费用"账户核算。

二、商品流通企业会计的确认基础

商品流通企业会计的确认、计量和报告应当以权责发生制为基础。权责发生制是一种以是否取得收款权利和是否形成付款责任为标准来确认收入和费用的记账基础。它要求：凡是当期已经实现的收入和已经发生的费用或应当负担的费用，无论款项是否收付，都应当作为当期的收入和费用；凡是不属于当期的收入和费用，即使款项已在当期收付，也不应当作为当期的收入和费用。

☞ 知识链接

与权责发生制对应的另一种会计基础是收付实现制,它以收到或支付的现金及其时点作为确认收入和费用等的依据。

三、商品流通企业会计的计量属性

商品流通企业在将符合确认条件的会计要素登记入账并列报于会计报表及其附注时,必须按照规定的会计计量属性进行计量,正确确定其金额。按照《企业会计准则——基本准则》的规定,企业进行会计计量,可采用历史成本、重置成本、可变现净值、未来现金流量现值和公允价值5种计量属性。

图1-3 会计计量属性

(一) 历史成本

在历史成本计量下,资产按照购置时支付的现金或现金等价物的金额,或者按照购置资产时所付出的对价的公允价值计量。负债按照因承担现时义务而实际收到的款项或资产的金额,或者按照承担现时义务的合同金额,或者按照日常活动中为偿还负债预期需要支付的现金或现金等价物的金额计量。

☞ 知识链接

商品流通小企业只采用历史成本。《小企业会计准则》第六条规定,小企业的资产应当按照成本计量。

(二) 重置成本

在重置成本计量下,资产按照现在购买相同或者相似资产所需支付的现金或现金等价物的金额计量。负债按照现在偿付该项债务所需支付的现金或现金等价物的金额计量。

(三) 可变现净值

在可变现净值计量下,资产按照其正常对外销售所能收到的现金或现金等价物的金额扣减该资产至完工时估计将要发生的成本、估计的销售费用及相关税费后的金额计量。

（四）未来现金流量现值

在现值计量下，资产按照预计从其持续使用和最终处置中所产生的未来净现金流入量的折现金额计量。负债按照预计期限内需要偿还的未来净现金流出量的折现金额计量。

（五）公允价值

在公允价值计量下，资产和负债按照市场参与者在计量日发生的有序交易中，出售资产所能收到的或者转移负债所需支付的价格计量。

商品流通企业在对会计要素进行计量时，一般采用历史成本。

> ☞ **提示**
>
> 企业可以自主选择会计计量属性。但是，在会计实务中，具体运用某种会计计量属性时要遵循其适用的具体会计准则的规范和要求。

> **知识拓展**
>
> 与工业企业会计一样，商品流通企业会计的核算内容有资产、负债、所有者权益、收入、费用、利润6个要素。会计核算的前提是会计主体、持续经营、会计分期、货币计量。

任务三　认知商品流转的核算方法

> **引导案例**
>
> 华丰公司是一家主要从事服装批发业务的公司，采用的是数量进价金额核算法；凯润商场是一家从事服装零售的公司，采用的是售价金额核算法。
>
> **思考**：这两家公司是否只能采用目前的核算方法呢？商品流通企业的核算方法有哪些，每种方法的特点是什么？适用于哪种类型的企业？

商品流转核算是指在商品流转的过程中，对商品购、销、存各个环节的业务活动及其成果进行核算和监督的方法。由于企业的经济类型、经营性质、经营范围和管理要求不同，因此，有的商业企业对商品按进价记账，有的按售价记账，有的对商品只记金额，有的对商品同时记数量和金额。本任务中介绍商品流转的4种核算方法，如图1-4所示。

任务三 认知商品流转的核算方法

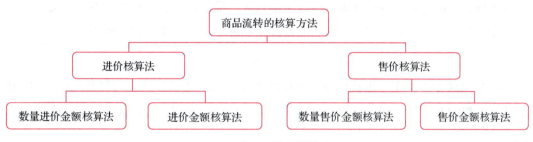

图 1-4 商品流转的核算方法

一、进价核算方法

进价核算方法是指库存商品的购进价格来反映和控制商品购进、销售和储存情况的一种核算方法。进价核算方法可分为数量进价金额核算法和进价金额核算法两种。

（一）数量进价金额核算法

数量进价金额核算法是以实物数量和进价金额两种计量单位，反映商品购、销、存情况的一种方法。它主要体现在库存商品明细账的设置和核算上，其基本内容包括以下几个方面。

1. 进价记账

会计部门对库存商品总账和明细账的购、销、存金额均按进价记载。

2. 分户核算

在库存商品总账控制下，按商品的品名、规格、等级和编号分户进行明细核算。库存商品明细账对每种库存商品的增减和结存情况，既反映金额又反映数量。

3. 设置类目账

如果商品流通小企业经营品种繁多，还应设置库存商品类目账，以核算大类商品的购、销、存情况和控制所属各明细账。对于经营品种比较简单的商品流通小企业，库存商品可不设置类目账，直接用总账控制明细账。

4. 结转成本

采用适当方法随时或定期结转销售商品成本。商品销售成本即销售商品进价，小企业可根据经营商品的不同特点和业务经营的不同需要，按照会计制度的规定分别采用不同的计算和结转方法，随时或定期结转商品销售成本。

数量进价金额核算法的优缺点如图 1-5 所示。

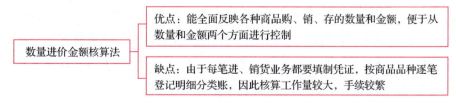

图 1-5 数量进价金额核算法的优缺点

这种核算方法适用于规模较大、经营金额较大、批量较大、商品品种不多、交易次数不多的大中型批发企业、农副产品收购企业及经营品种单一的专业性零售商店。

（二）进价金额核算法

进价金额核算法也称"进价记账、盘存计销法"或"进价核算、实物盘点法"。以进价金额核算与控制各实物负责人经管商品的购、销、存情况的方法。其基本内容包括以下几个方面。

（1）财会部门设置"库存商品"总账，同时还按实物负责人或商品大类分户设进价金额明细账。

（2）商品购进经实物负责人验收后，财会部门按进价总金额计入"库存商品"总账和按商品大类或实物负责人分户的明细账，不记载商品的品名与数量。

（3）商品销售后，按销售总金额反映营业收入，平时不计算结转销售商品的进价成本，也不冲减库存商品进价成本。

（4）对于商品的损益、损耗及所发生的价格变动，平时不做账务处理。

（5）月末或定期计算销售商品进价成本时，通过实际盘点，确定库存商品数量，按照一定的方法计算出库存商品进价总额，然后按公式：本期销售结转成本＝期初库存余额＋本期购进金额－期末库存余额，倒挤计算出已销商品进价成本，并结转营业成本。

进价金额核算法的优缺点如图1-6所示。

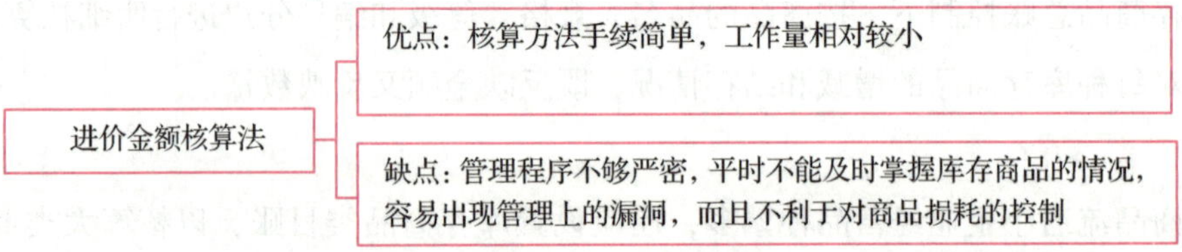

图1-6 进价金额核算法的优缺点

进价金额核算法

优点：核算方法手续简单，工作量相对较小

缺点：管理程序不够严密，平时不能及时掌握库存商品的情况，容易出现管理上的漏洞，而且不利于对商品损耗的控制

这种核算方法适用于经营鲜活商品的零售企业。

知识拓展

进价金额核算法适用于经营鲜活商品的零售企业，是由鲜活商品的特点所决定的。鲜活商品包括鱼、肉、禽、蛋、蔬菜和水果等。首先，鲜活商品在经营过程中，一般需要经过精选整理，分等分级，按质论价；其次，随着商品鲜活程度的变化，随时需要调整零售价格，由此而产生早晚不同的时价；再次，鲜活商品交易频繁，且数量零星；最后，鲜活商品容易干耗、腐烂变质，损耗数量难以掌握。因此，在会计核算时难以控制其数量，一般只核算其金额。

二、售价核算方法

售价核算方法是指以库存商品的销售价格来反映和控制商品购进、销售和储存情况的一种核算方法。售价核算方法可分为数量售价金额核算法和售价金额核算法两种。

(一) 数量售价金额核算法

数量售价金额核算法是以售价金额和实物数量两种指标核算与控制各实物负责人经管商品的购、销、存情况的方法。数量售价金额核算法的具体内容包括以下几个方面。

1. 售价记账

库存商品的总分类账和明细分类账统一按售价记账。总分类账反映库存商品的售价总额,明细分类账反映各种商品的实物数量和售价总额。

2. 分户核算

库存商品的明细分类账按商品的编号、品名、规格、等级分户,按商品的收、付、存分栏记载数量和金额。

3. 设置"商品进销差价"账户

该账户记载库存商品售价金额与进价金额之间的差额,定期分摊已销商品的进销差价,计算已销商品的进价成本和库存商品的进价金额。

数量售价金额核算法的优缺点如图1-7所示。

```
数量售价金额核算法 ┬─ 优点:由于对每种商品按数量和售价金额实行双重控制,有利于加强对库
                │    存商品的管理和控制,因此对商品销售收入的管理与控制也较为严密
                └─ 缺点:但逢商品售价变动,就要盘存库存商品,调整商品金额和差价,核
                     算工作量较大
```

图1-7 数量售价金额核算法的优缺点

这种核算方法适用于经营金额较小、批量较少的小型经营批发企业,也适用于经营品种不多、销售专业性较强的商品流通企业,特别适用于需掌握数量的经营贵重、大件商品或者经营一类或几类商品的零售企业。

(二) 售价金额核算法

售价金额核算法也称"拨货计价、实物负责制"。以售价金额核算与控制各实物负责人经管商品的购、销、存情况的一种核算方法。其基本内容包括以下几个方面。

1. 建立实物负责制

企业将所经营的全部商品按品种、类别及管理的需要划分为若干实物负责小组,确定实物负责人,实行实物负责制度。实物负责人对其所经营的商品负全部经济责任。

2. 售价记账、金额控制

库存商品总账和明细账都按商品的销售价格记账，库存商品明细账按实物负责人或小组分户，只记售价金额不记实物数量。

3. 设置"商品进销差价"科目

由于库存商品是按售价记账，因此对于库存商品售价与进价之间的差额应设置"商品进销差价"科目来核算，并在期末计算和分摊已售商品的进销差价。

4. 定期实地盘点商品

实行售价金额核算必须加强商品的实地盘点制度，由于库存商品只有总金额指标，没有具体数量指标，商品发生溢缺的数额，只有通过盘点才能确定。因此，一般应定期或不定期进行盘点，对库存商品的数量及价值进行核算，并对实物和负责人履行经济责任的情况进行检查。

售价金额核算法的优缺点如图 1-8 所示。

```
售价金额核算法 ──┬── 优点：简化销货和记账工作
                └── 缺点：不能及时提供每种商品进销存的动态资料，如果发生商品溢缺
                        及差款错货时，也不便查明原因
```

图 1-8　售价金额核算法的优缺点

这种核算方法主要适用于销售商品品种繁杂、售价相对稳定，且直接的交易对象是消费者的零售企业，如综合商场、百货商店。

> ☞ **想一想**
>
> 一个商品流通企业是否可以对不同的商品选择不同的核算方法？

项目二

核算批发商品

知识目标

- 认识批发企业商品购进业务的流程。
- 学习批发企业商品购进涉及的凭证及账户。
- 掌握批发企业购进商品的核算。
- 认识批发企业商品销售收入的确认条件。
- 掌握批发企业商品销售的会计核算方法。
- 掌握批发企业商品盘点短缺和溢余的核算。
- 掌握批发企业商品销售成本的计算和结转。

技能目标

- 能根据批发企业取得与购进商品、销售商品相关原始凭证做出相应的账务处理。
- 能根据批发企业的购进与销售情况结转商品的成本。

素质目标

- 发扬工匠精神，精益求精。加强企业成本的管理和控制，养成忠于职守、认真负责、精益求精的职业素养。
- 保障商品资产安全、完整。严格按照企业会计准则规范对商品进行核算，培养认真、细致、严谨的工作态度，形成良好的工作习惯，保障资产安全、完整。

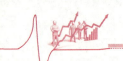

项目二 核算批发商品

知识导图

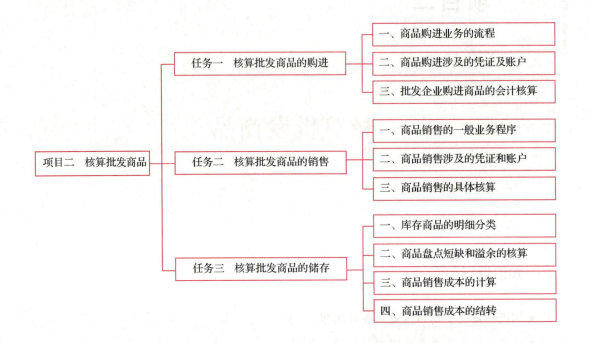

任务一 核算批发商品的购进

引导案例

晋华批发公司 2019 年 6 月 10 日使用支票结算购入羊毛衫一批，取得增值税专用发票发票联和抵扣联，商品验收入库，仓储部门填写商品验收单。购入羊绒衫一批，验收时发现商品短缺。

思考：晋华批发公司购进商品的流程是怎样的？需要根据哪些原始凭证进行账务处理？具体的会计分录要怎样进行编制？购进时遇到短缺与溢余的情况，又需要进行哪些处理？

批发企业的经营活动具有以下特点。

第一，批发企业经营的商品主要来源于工农业生产部门或其他商业企业，此外，还有一部分进口商品。批发企业取得商品后，再转卖给零售企业或其他批发企业，或者作为生产资料供应给工农业生产部门。

第二，批发企业的商品经营活动一般是大宗商品买卖，交易次数虽然不像零售企业那样频繁，但是，每次商品购销额比较大。

第三，批发企业商品储存数量大。为了合理地组织进货并保证销售，批发企业商品储存数量比较大，占用的资金也较多，有的批发企业还担负着一定的商品储备任务。

第四，批发企业的商品购销对象主要是企业单位，有同城的，也有异地的，有些批发企业异地交易占有相当大的比重。

批发企业的经营特点是：要求批发企业必须要把握各种商品在购、销、存各环节的实物数量和价值量的变化情况，同时核算商品的实物量与价值两种指标，为经营管理提供可靠的依据，所以采用的是数量进价金额核算法。

批发企业财会部门库存商品账户一般分3级核算，设立总账、类目账、明细账。其中，库存商品明细账采用数量金额式账，既核算商品的进价金额，又核算商品的数量。

一、商品购进业务的流程

1. 商品购进的含义

商品购进是指企业为转卖或加工后转卖而通过货币结算的购买商品活动，其目的是为了销售或加工后销售。商品购进环节，其实是货币资金转变为商品资金的过程。

2. 商品购进业务的流程

商品购进业务的流程图如图2-1所示。

图 2-1　商品购进业务的流程图

二、商品购进涉及的凭证及账户

1. 涉及的凭证

批发企业购进商品，应与供货单位签订合同，明确购买商品的品种、规格、数量、质量、价格、交货地点、时间、结算方式及违约责任等。批发企业根据供货单位开出的增值税专用发票办理货款及税款的结算手续；商品交仓库验收，要填制商品验收单。财会部门根据供货单位的增值税专用发票发票联（图2-2）、仓库的商品验收单（图2-3）及付款的支票（图2-4）等结算凭证等进行商品购进的账务处理。

项目二 核算批发商品

(1) 增值税专用发票第三联发票联,如图 2-2 所示。

图 2-2 增值税专用发票发票联

(2) 商品验收单,如图 2-3 所示。

供货单位:金丽股份有限公司　　　2019 年 12 月 2 日　　　　　　　　　　仓库:12

商品编号	商品名称	计量单位	数量		实际价格			备注
			应收	实收	单价	发票金额(元)	运输费用	合计	
04	羊毛衫	件	50	50	200	10 000			
	合计								

采购人:张清　　　　检验员:李红　　　　记账员:柳明　　　　仓库保管员:安华

图 2-3 商品验收单

（3）支票存根，如图2-4所示。

图2-4 支票存根

> **想一想**
> 商品购进所涉及的主要原始凭证有哪些？

2. 涉及的主要会计账户

（1）"库存商品"账户：属于资产类账户，核算批发企业全部自有的库存商品，包括存放在仓库、门市部和寄存在外库的商品等。商品到达验收入库时计入本账户的借方，结转商品销售成本时计入本账户的贷方，月末借方余额表示库存商品的实际成本。本账户应按商品品名、规格、等级和存放地点设置明细分类账。

（2）"在途物资"账户：属于资产类账户，核算批发企业购入但尚未验收入库的各种材料物资的采购成本。该账户借方登记在途物资的增加；贷方登记在途物资的减少（即验收入库）；期末借方余额，反映在途物资的采购成本。该账户按供应单位物资品种进行明细核算。

（3）"应交税费——应交增值税（进项税额）"账户：属于负债类账户，核算批发企业应交纳的各种税费（如增值税等），该账户贷方登记应交纳的税费，借方登记实际交纳的税费，期末贷方余额反映企业尚未交纳的税费，该账户应按税金的种类设置明细账。交纳增值税的一般纳税企业在"应交税费"总账账户下，应设置"应交增值税"明细账户，该账户的借方还应登记企业购买商品时向供应商支付的进项税额。

项目二 核算批发商品

> **知识链接**
>
> 增值税是以商品（含应税劳务）在流转过程中产生的增值额作为计税依据而征收的一种流转税。从计税原理上说，增值税是对商品生产、流通、劳务服务中多个环节的新增价值或商品的附加值征收的一种流转税。《中华人民共和国增值税暂行条例》规定，按照纳税人的经营规模及会计核算的健全程度，增值税纳税人分为一般纳税人和小规模纳税人。一般纳税人购入货物或接受应税劳务支付的增值税（进项税额），可以从销售货物或提供劳务按规定收取的增值税（销项税额）中抵扣，即一般纳税人应纳增值税税额根据当期销项税额减去当期进项税额计算确定。小规模纳税人采用简易征收办法征收增值税，购进货物时即使取得了增值税专用发票，也不能抵扣进项税额。

（4）"银行存款"账户：属于资产类账户，核算批发企业存入银行或其他金融机构的各种款项。该账户借方登记银行存款的增加数；贷方登记银行存款的减少数；期末借方余额，表示银行存款的实际结余数。

（5）"应付账款"账户：属于负债类账户，核算批发企业因购买材料、商品和接受劳务供应等经营活动应付未付的款项。该账户贷方登记应付而未付给供应单位的款项；借方登记已支付的应付款项；期末余额一般在贷方，反映企业尚未支付的应付账款余额。该账户应按供应单位名称设置明细分类账户进行明细核算。

> **想一想**
>
> 企业的结算方式还有哪些？

商品购进涉及的账户如图 2-5 所示。

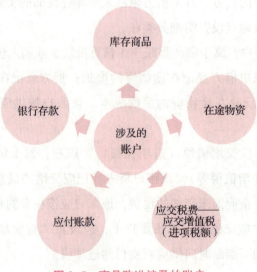

图 2-5　商品购进涉及的账户

三、批发企业购进商品的会计核算

由于商品采购地点和结算方式的不同,结算付款的单证与商品到达购货单位的时间不可能完全一致,因此会出现单货同到、单到货未到或货到单未到 3 种情况,如图 2-6 所示。

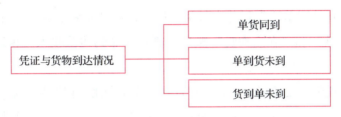

图 2-6　凭证与货物到达情况图

1. 单货同到

批发企业商品购进的核算,单货同到是指结算凭证与商品同时到达。"单货同到"一方面反映了支付款项,包括货款、税金和运杂费;另一方面反映了商品到达验收入库。

企业已根据结算凭证、发票账单、收货单等凭证,按应计入商品成本的金额,借记"库存商品"等科目,按当月已认证的、专用发票上注明的可抵扣增值税额,借记"应交税费——应交增值税(进项税额)"科目,按实际支付的款项,贷记"银行存款""其他货币资金"等科目,若尚未支付,则贷记"应付账款"等科目。

> **知识拓展**
>
> 按当月未认证的、专用发票上注明的可抵扣增值税额,要先借记"应交税费——待认证进项税额"科目,对于当月未认证的可抵扣增值税额,待以后经税务机关认证后转出,借记"应交税费——应交增值税(进项税额)"科目,贷记"应交税费——待认证进项税额"科目。

【例 2-1】晋华批发公司 2019 年 6 月 10 日购入羊毛衫一批,货款 10 万元,增值税专用发票上注明的增值税税额为 13 000 元,发票等结算凭证同时收到,款项已通过中国银行支付,该批羊毛衫也验收入库。

> **知识链接**
>
> 根据财政部、税务总局《关于调整增值税税率的通知》(财税〔2019〕32 号),自 2019 年 5 月 1 日起,纳税人发生增值税应税销售行为或者进口货物,原适用 17% 和 11% 税率的,税率分别调整为 13% 和 9%。
>
> 根据采购合同、增值税专用发票发票联、收货单、银行付款通知单,编制会计分录如下。

借：库存商品——羊毛衫	100 000	
应交税费——应交增值税（进项税额）	13 000	
贷：银行存款——中国银行		113 000

2. 单到货未到

单到货未到是指结算单证先到并支付货款以后，商品才到达验收入库。先核算支付货款，通过"银行存款"和"在途物资"账户核算；商品到达验收入库再通过"库存商品"账户核算。

企业收到结算凭证、发票账单，并支付货款和采购费用，但商品尚未验收入库，按应计入商品成本的金额，借记"在途物资"等科目，按当月已认证的、专用发票上注明的可抵扣增值税额，借记"应交税费——应交增值税（进项税额）"科目，按实际支付的款项，贷记"银行存款"等科目，若尚未支付，则贷记"应付账款"等科目。待商品到达、验收入库后，再根据收货单，借记"库存商品"等科目，贷记"在途物资"等科目。

【例2-2】晋华批发公司2019年6月18日采购羊绒衫一批，价款200 000元，增值税专用发票上注明的进项税额为26 000元，发票等结算凭证已经到达，货款已经通过中国银行支付，但材料尚未入库。

（1）2019年6月18日，根据增值税专用发票发票联、银行付款通知单，编制会计分录如下。

借：在途物资——羊绒衫　　　　　　　　　　　　　　200 000
　　应交税费——应交增值税（进项税额）　　　　　　 26 000
　贷：银行存款——中国银行　　　　　　　　　　　　　　　226 000

（2）若该批羊绒衫在2019年6月25日到达，并验收入库。根据收货单，编制会计分录如下。

借：库存商品——羊绒衫　　　　　　　　　　　　　　200 000
　贷：在途物资——羊绒衫　　　　　　　　　　　　　　　　200 000

3. 货到单未到

货到单未到是指商品已验收入库但未收结算单证，尚未付款。

企业先收到商品验收入库，但尚未取得结算凭证、发票账单，并未付款。由于一般在短时间内（同一月份）结算凭证就可到达，因此，为了简化核算手续，平时在验收入库时，可以暂不进行总分类核算，只将收到的商品登记明细分类账，待收到结算凭证时，比照"结算凭证与商品同时到达"进行相应核算。

如果月末结算凭证仍未收到，则应在月末按货物清单或相关合同协议上的价格暂估入账，但不需要将增值税的进项税额暂估入账，借记"库存商品"等科目，贷记"应付账款"

科目。下月初，用红字冲销原暂估入账金额予以转回。待取得结算凭证、发票账单时，比照"结算凭证与商品同时到达"的情况进行处理。

【例2-3】晋华批发公司2019年8月20日购入毛衣洗涤剂一批，已验收入库，但其结算凭证至月末尚未到达，货款未付。根据供货合同估价57 000元入账。

（1）2019年8月31日，根据收货单，编制会计分录如下。

借：库存商品——毛衣洗涤剂　　　　　　　　　　　　　　　57 000
　　贷：应付账款——暂估应付款　　　　　　　　　　　　　　57 000

（2）2019年9月1日，编制会计分录如下。

借：应付账款——暂估应付款　　　　　　　　　　　　　　　57 000
　　贷：库存商品——毛衣洗涤剂　　　　　　　　　　　　　　57 000

或

借：库存商品——毛衣洗涤剂　　　　　　　　　　　　　　　57 000
　　贷：应付账款——暂估应付款　　　　　　　　　　　　　　57 000

4. 预付账款的核算

预付账款是指企业按照合同规定预付给供货单位的货款。

企业采用预付货款方式采购商品，在会计核算上应设置"预付货款"科目进行核算，按合同规定预付货款时，借记本科目，贷记"银行存款"科目；收到所购物资时，根据发票账单上所列明商品成本的金额，借记"库存商品"等科目，按专用发票上注明的增值税额，借记"应交税费——应交增值税（进项税额）"科目，按应付金额，贷记本科目。

> ☞ 提示
>
> 并不是所有的商品在取得时都可以抵扣进项税额，一般纳税人取得商品时，未取得增值税专用发票等进项税额抵扣的专用凭证，或者取得的商品已确定用于发放非货币性职工薪酬、集体福利、简易计税、免税项目等情况时，不可以抵扣进项税。

知识拓展

> 集体福利是指纳税人为内部职工提供的各种内设福利部门所发生的设备、设施等费用，包括职工食堂、职工浴室、理发室、医务所、托儿所、疗养院、体育馆等集体福利部门的设备、设施及维修保养费用。例如，一般纳税人购进的饮水机、饮用水、微波炉、电视机、空调等用在单位职工宿舍、职工餐厅等，就是职工的一项福利。此时，即使取得增值税专用发票，其进项税额也不能用来抵扣。

5. 购进商品发生短缺溢余的核算

购进商品溢余短缺的核算通过"待处理财产损溢"账户进行，该账户属于资产类，用来

项目二 核算批发商品

核算企业已发生的各项财产物资的盘亏、盘盈、短缺、溢余、收益和损失。发生盘亏、短缺、损失,以及转销盘盈、溢余、收益时,计入借方;发生盘盈、溢余、收益,以及转销盘亏、短缺、损失时,计入贷方,该账户应在期末结账前处理完毕,处理完毕后应无余额。该账户下应分别设置"待处理流动资产损溢"和"待处理非流动资产损溢"明细分类账户。

(1) 购进商品发生溢余的核算。

购进商品发生溢余,在查明原因前,先通过"待处理财产损溢"账户进行核算,查明原因后,根据不同原因进行会计处理,具体核算如表2-1所示。

表 2-1　购进商品发生溢余核算表

原因	会计处理
运输途中的自然升溢	冲减管理费用
供货单位多发商品,若同意补作购进	补付货款并反映进项税额
供货单位多发商品,若不同意补作购进	将多收商品退回供货单位

(2) 购进商品短缺的核算。

购进商品发生溢余,在查明原因前,先通过"待处理财产损溢"账户进行核算,查明原因后,根据不同原因进行会计处理,具体核算如表2-2所示。

表 2-2　购进商品短缺核算表

原因	会计处理
运输途中的自然损耗	列入销售费用
供货方少发商品	由供货方补发商品或退款
责任事故,若由运输单位或责任人赔偿	列入其他应收款
责任事故,若是企业承担的非正常损失	列入营业外支出

任务二　核算批发商品的销售

引导案例

晋华批发企业2019年8月10日向恒信商场销售一批羊毛衫,开出增值税专用发票,商品出库,填制商品出库单,收到银行存款。

思考:晋华批发公司销售商品的流程是怎样的?需要根据哪些原始凭证进行账务处理?具体的会计分录要怎样进行编制?

一、商品销售的一般业务程序

批发商品销售是指批发企业将本企业经营的商品销售给其他批发企业、零售企业及生产企业等，并通过结算收取货款或取得收取货款权利的交易行为。

商品销售流程图如图2-7所示。

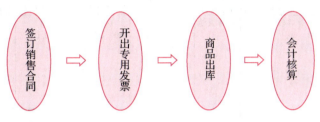

图2-7 商品销售流程图

1. 商品销售的分类

（1）批发商品同城销售。一般采用的交接货方式是提货制或送货制，货款的结算方式一般采用转账支票、商业汇票、银行本票等。

（2）批发商品异地销售。批发商品异地销售，一般采用的交接货方式是发货制，货款的结算方式一般采用异地托收承付、银行汇票、委托收款等。

2. 收入的确认

收入的确认是指收入在什么时间入账，并在利润表上反映。采用现销方式时，应在发出商品并收到销货款时确认销售收入；采用赊销方式时，应在企业已将商品所有权上的主要风险和报酬转移给购买方，并根据有关信息判断销售商品的货款很可能收回时确认收入；采用预收款方式时，应在发出商品时确认收入，提前预收的货款应确认为负债。

知识拓展

（新）企业会计准则第14号——收入（财会〔2017〕22号）

二、商品销售涉及的凭证和账户

1. 涉及的凭证

批发企业销售商品可由购货单位提出要货计划或双方签订商品购销合同，根据购销单位合同或协议中的商品品种和数量等填制"增值税专用发票"，如图2-7所示。

（1）增值税专用发票第一联记账联，如图2-8所示。

图 2-8　增值税专用发票第一联记账联

（2）销售单。销售单是列示顾客所订商品的名称、规格、数量，以及其他与顾客订货单有关信息的凭证，作为销售方内部处理顾客订货单的依据，如图2-9所示。

提货单位：恒信商场　　　　　2019年8月10日　　　　　　　　　　编号：1201

产品名称	规格型号	计量单位	数量		备注
			应发	实发	
羊毛衫		件	250	250	
合计			250	250	

主管：赵海　　　审核：　　　保管：孙陆　　　经手人：高莲

图 2-9　商品出库单

（3）销售收到款项时会收到收款人开户银行交给收款人的收账通知，如图2-10所示。

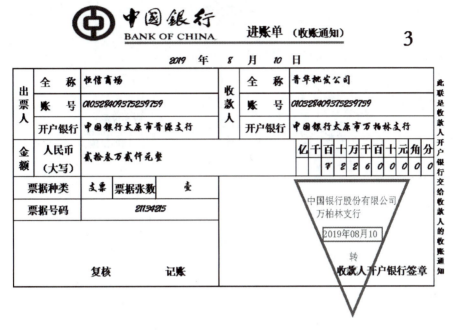

图2-10 进账单

2. 涉及的会计账户

（1）"主营业务收入"账户：属于损益类账户，用来核算企业销售商品的收入。发出商品取得货款或获得货款的权利时计入贷方，月末收入结转"本年利润"账户时计入借方，月末结转后应无余额。

（2）"应交税费——应交增值税（销项税额）"账户：属于负债类账户，贷方登记企业销售商品时向购货方收取的销项税额。

（3）"主营业务成本"账户：属于损益类账户，用来核算企业商品的销售成本。销售商品随时或定期结转商品成本时计入借方，结转"本年利润"账户时计入贷方，月末结转后应无余额。"主营业务成本"账户应按商品类别或品种设置明细账进行明细分类核算。

（4）"预收账款"账户：属于负债类账户，用来核算企业按照合同规定或交易双方的约定，而向购买单位或接受劳务的单位在未发出商品或提供劳务时预收的款项。

贷方反映企业预收货款的数额和对方补付货款的数额；借方反映企业偿付商品、劳务的数额及归还余款的数额；贷方余额表示企业尚未付出商品、劳务的预收款数额。例如，为借方余额则表示应收的款项金额。本账户按照购买单位或个人设置明细账户进行明细核算。

销售涉及的账户如图2-11所示。

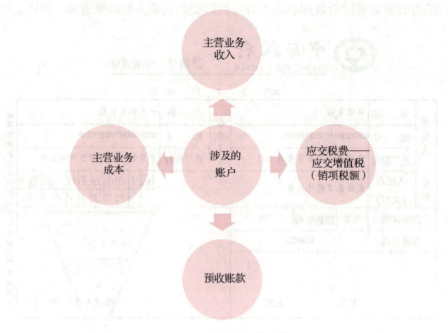

图 2-11 销售涉及的账户

三、商品销售的具体核算

1. 同城商品销售的核算

批发企业的同城商品销售主要是将商品给零售企业、生产企业、个体经营企业或基层批发企业等。同城商品销售的交接方式一般采用"送货制"或"提货制",货款结算方式一般采用转账支票和商业汇票结算,也有采用银行本票和现金结算的。

2. 异地商品销售的核算

异地商品的销售业务,商品要委托运输单位运往购货单位,至于支付给运输单位的运费,根据购销合同规定,一般由购货单位负担。销货单位垫支时,通过"应收账款"账户进行核算,然后连同销货款、增值税额一并通过银行向购货单位办理托收。

【例 2-4】 晋华批发企业 2019 年 8 月 10 日向恒信商场销售一批羊毛衫,售价 200 000 元,增值税销项税额 26 000 元,货款收到。

根据增值税专用发票记账联、销售合同及支票,编制会计分录如下。

借:应收账款　　　　　　　　　　　　　　　　　　　　　　　　226 000
　　贷:主营业务收入　　　　　　　　　　　　　　　　　　　　　200 000
　　　　应交税费——应交增值税(销项税额)　　　　　　　　　　 26 000

以后实际收到货款时,应借记"银行存款"账户,贷记"应收账款"账户。

☞ **提示**

企业销售商品时候代垫的运费，也在"应收账款"账户核算。

假定，本例同时结转销售商品的进价成本160 000元，编制会计分录如下。

借：主营业务成本　　　　　　　　　　　　　　　　　　　　　160 000
　　贷：库存商品　　　　　　　　　　　　　　　　　　　　　　　　160 000

☞ **知识链接**

批发企业商品销售进价成本的结转，可以逐笔结转，也可以定期结转。实际工作中，为了简化核算手续，一般在月末采用一定的计算方法计算出本月商品销售总额，并集中进行结转。商品销售平时只登记"库存商品明细账"贷方的数量栏中，并随时结转出商品的结存数量。

3. 预收货款销售商品的核算

预收货款销售商品主要适用于某些比较畅销的商品，批发企业采用预收货款的方式销售商品，事先应与购货单位签订预收货款的销售合同或协议。在预收账款时，先不确认收入的实现，而是通过"预收账款"账户进行核算；待发出商品时才确认收入的实现。

【例2-5】晋华批发企业2019年9月15日向世贸商店销售1 000件羊毛衫，每件售价200元，增值税税额为26 000元，合同约定预收货款100 000元，其余货款交货时结清。该批商品进价为每件100元。

收到预付款时，根据进账单和合同，编制会计分录如下。

借：银行存款　　　　　　　　　　　　　　　　　　　　　　　100 000
　　贷：预收账款　　　　　　　　　　　　　　　　　　　　　　　　100 000

发货时，根据增值税专用发票记账联和成本计算单，编制会计分录如下。

借：预收账款　　　　　　　　　　　　　　　　　　　　　　　226 000
　　贷：主营业务收入　　　　　　　　　　　　　　　　　　　　　　200 000
　　　　应交税费——应交增值税（销项税额）　　　　　　　　　　　26 000
借：主营业务成本　　　　　　　　　　　　　　　　　　　　　　100 000
　　贷：库存商品　　　　　　　　　　　　　　　　　　　　　　　　100 000

预收账款的借方余额为130 000元，表示应收的金额为130 000元。

根据进账单，编制会计分录如下。

月末收到余款：

借：银行存款　　　　　　　　　　　　　　　　　　　　　　　126 000
　　贷：预收账款　　　　　　　　　　　　　　　　　　　　　　　　126 000

任务三　核算批发商品的储存

引导案例

晋华批发企业2019年10月经过购进羊毛衫和销售羊毛衫，仓库里仍库存一批羊毛衫未销售，每次购进的进价数量不同，每次销售的售价数量也不同。对库存的羊毛衫进行盘点发现账上记录的数量与盘点的数量不同。

思考：晋华批发公司结存商品的成本可以怎样进行计算？有哪些计算方法？不同的计算方法有哪些优缺点？结存的商品要怎样进行盘点？

商品储存是指商业企业购进的商品在销售以前，在流通领域所形成的停留。

☞ 提示

凡是企业已经购入的、尚未出售的商品，不论存放的地点如何，都属于储存中的商品，包括存放在本企业仓库或外库的商品、委托代销的商品、分期收款发出的商品、购货方拒绝接收的商品等。

一、库存商品的明细分类

批发企业对库存商品采用数量金额法核算。

（一）库存商品明细的设置

三账分设是指业务部门、仓库和会计部门各设一套库存商品明细账，即业务部门设置库存商品调拨账、仓库设置库存商品保管账、会计部门设置库存商品明细账。库存商品调拨账和库存商品保管账只登记商品的数量，不记商品的金额；会计部门的库存商品明细账既登记商品的数量，又登记金额。

两账合一是指业务部门、会计部门合设一套库存商品明细账。由于有些企业的业务部门和会计部门在同一场所办公，可将业务部门的商品调拨账与会计部门的商品明细账合并为一套账，由专职人员进行数量和金额的核算，以满足业务部门和会计部门的需求。仓库单独设置库存商品保管账，商品堆放处仍设数量卡。

三账合一是指业务部门、会计部门、仓库合设一套商品明细账。这种设置库存商品明细分类账的方法适用于业务、会计、仓库3个部门在同一个场所合并办公，共同使用同一本账。

（二）库存商品明细分类账的分户方法

1. 按库存商品的品名、规格、编号和等级分户

凡是品名、规格、编号和等级相同的商品，无论是什么进价或何批次购进的，都在同一明细账户中进行登记。库存商品明细账如图 2-12 所示。

最高储存量＿＿＿＿＿＿
最低储存量＿＿＿＿＿＿　　库存商品　明细账

本账页数	
本户页数	

编号＿＿＿＿　规格＿＿＿＿　子目　名称＿＿＿＿

年		凭证		摘要	借方											贷方											结存										
月	日	种类	号数		数量	单价	百	十	万	千	百	十	元	角	分	数量	单价	百	十	万	千	百	十	元	角	分	数量	单价	百	十	万	千	百	十	元	角	分

图 2-12　库存商品明细账

2. 按商品的编号、品名、规格、等级结合进货单价分户

将编号、品名、规格、等级相同且进货单价也相同的商品在同一账页连续登记。

☞ **提示**

按商品的编号、品名、规格、等级结合进货单价分户方法便于计算和结转商品销售成本，计算结果准确；但开设账页的数量较多，增加工作量。

3. 按商品的编号、品名、规格、等级结合进货批次分户

将编号、品名、规格、等级相同的商品按照进货批次分户记载。

按商品的编号、品名、规格、等级结合进货批次分户方法的优点是各批次的商品销售后，可以按照该批次商品的进价成本随时计算和结转商品的销售成本，计算较准确；但如果批次较多，会加大核算的工作量。所以，该方法一般适用于整批进、整批出的商品，或者整批进、分批出并能分批保管的商品。

（三）库存商品类目账的设置

在库存商品总分类账（图 2-13）和库存商品明细分类账之间，按商品大类设置库存商

品类目账（图 2-14）。一般根据大类商品收、发、存凭证按大类进行汇总登记。库存商品类目账一般只记金额，不记数量。

总 分 类 账

会计科目 库存商品　　16

年		凭证号数	摘要	页数	借方									贷方									借或贷	余额								
月	日				百	十	万	千	百	十	元	角	分	百	十	万	千	百	十	元	角	分		百	十	万	千	百	十	元	角	分

图 2-13　库存商品总分类账

库存商品类目账

类别：

年		凭证号码	摘要	增加（借方）	减少（贷方）	结存（余额）
月	日					

图 2-14　库存商品类目账

二、商品盘点短缺和溢余的核算

企业期末要对库存商品进行盘点，具体盘点的工作步骤，如表 2-3 所示。

表 2-3　盘点工作步骤表

盘点时间	工作内容
盘点前	应根据盘点的范围，确定参加盘点的人员与组织分工，财会部门与储运部门应将有关商品收发业务的凭证全部登记入账，以便与盘点出来的实存数量进行核对
盘点时	要根据商品的特点，采用不同的盘点方法和操作规程，填制盘存单避免发生重复盘、遗漏盘和错盘的现象
盘点后	由保管人员负责填制"商品盘存表"，先根据账面资料填写商品名称、规格、单价及账存数量，再填写实存数量。"商品盘存表"上账存数与实存数若不相符，则应填制"商品盘点短缺溢余报告单"一式数联，做账上处理，待查明原因后，区别情况，再转入各相关账户

具体的盘点处理详见项目三。

三、商品销售成本的计算

1. 商品销售成本的计算

商品销售成本的计算方法如图 2-15 所示。

图 2-15　商品销售成本的计算方法

（1）个别计价法：又称分批实际进价法，是指认定每一件或每一批商品的实际进价，计算该件或该批商品销售成本的一种方法。

个别计价法是以每一件或每一批商品的实际进价为依据来计算该件或该批商品已销成本。如果是整批购进、整批发出，则以各批的实际进价乘以该批销售数量，计算出该批商品的销售成本。其计算公式为：

$$商品销售成本 = 商品销售数量 \times 该件（批次）商品购进单价$$

采用这种方法所确定的发出存货成本符合实际情况，期末结存存货成本的计算较为真实，而且可以随时结转成本。但是，采用这种方法要求必须具备必要的条件：存货项目必须是可以辨别认定的；必须有详细的记录，以此了解每一个别存货或每批存货项目的收入、发出、结存情况。因而，实务操作的工作量繁重，困难较大。

知识拓展

个别计价法适用于容易识别、商品品种数量不多、单位成本较高的商品,如房产、船舶、飞机、重型设备、珠宝、名画等贵重物品;能够分清批次、整批进整批出的商品也可以采用这种方法;对于不能替代使用的商品、为特定项目专门购入或制造的商品以及提供的劳务费,通常采用个别计价法确定发出商品的成本。

(2)先进先出法:指根据先购进先销售的原则,以先购进商品的价格,先作为商品销售成本的一种计算方法。

先进先出法是以先购进先发出为前提,但如果发出数量超过最先购进那一批的数量时,则超过部分要依次按下一批的购进单价计算,以此类推。其计算公式为:

每次销售成本=销售数量×最近的收货单价

【例 2-6】晋华公司羊绒衫商品按实际成本核算,2019 年 5 月羊绒衫商品使用先进先出法,购入、领用、结存资料如表 2-4 所示。

5 月 11 日发出羊绒衫的实际成本=600×300+650×100=245 000(元)

5 月 20 日发出羊绒衫的实际成本=650×80=52 000(元)

5 月发出羊绒衫的实际成本=245 000+52 000=297 000(元)

5 月末结存羊绒衫的实际成本=180 000+302 000−297 000=185 000(元)

表 2-4 先进先出法下库存商品明细账

名称及规格:羊绒衫　　　　　　　　　　　　　　　　　　　　　　　　　　金额单位:元

2019年		凭证编号	摘要	收入			发出			结存		
月	日			数量	单价	金额	数量	单价	金额	数量	单价	金额
5	1	(略)	期初余额							300	600	180 000
	10		购入	200	650	130 000				300 200	600 650	310 000
	11		发出				300 100	600 650	180 000 65 000	100	650	65 000
	18		购入	150	680	102 000				100 150	650 680	167 000
	20		发出				80	650	52 000	20 150	650 680	115 000
	23		购入	100	700	70 000				20 150 100	650 680 700	185 000
	31		本月发生额及月末余额	450		302 000	480		297 000	270		185 000

知识拓展

采用先进先出法，可以在每次收、发商品的同时结转成本，商品核算可分散在日常进行，从而减少月末核算工作量，有利于核算工作的均衡，同时，期末商品成本较接近现行的市场价值，企业不能随意挑选商品成本以调整当期利润。但是，在商品收发业务较频繁且单价经常变动的情况下，企业商品计价的工作量较大。另外，当物价上涨时，会高估企业当期利润；反之，会低估企业当期利润。一般而言，经营活动受商品形态影响较大或商品容易腐烂变质的企业可采用先进先出法。

（3）月末一次加权平均法：也称全月一次加权平均法，根据期初结存商品和本期收入商品的数量和实际成本，期末一次计算商品的加权平均单价，作为计算本期销售成本和结存成本的一种方法。

【例2-7】以晋华公司羊绒衫商品明细账为例，采用全月一次加权平均法计算5月份的羊绒衫成本如表2-5所示。

5月份的羊绒衫商品的加权平均单价＝（180 000+302 000）÷（300+450）

＝642.67（元/千克）

月末库存羊绒衫成本＝270×642.67＝173 520.90（元）

本月发出羊绒衫成本＝180 000+302 000－173 520.90＝308 479.10（元）

表2-5 月末一次加权平均法下库存商品明细账

名称及规格：羊绒衫　　　　　　　　　　　　　　　　　　　　　　　　　　金额单位：元

2019年		凭证编号	摘要	收入			发出			结存		
月	日			数量	单价	金额	数量	单价	金额	数量	单价	金额
5	1	（略）	期初余额							300	600	180 000
	10		购入	200	650	130 000				500		
	11		发出				400			100		
	18		购入	150	680	102 000				250		
	20		发出				80			170		
	23		购入	100	700	70 000				270		
	31		本月发生额及月末余额	450		302 000	480		308 479.10	270	642.67	173 520.90

知识拓展

采用全月一次加权平均法，只在月末一次计算加权平均单价，平时工作量不大，计算方法较简单；在物价上涨或下跌时，对商品成本的分摊较为折衷；企业不能任意挑选进货成本以调整当期利润。但是，这种方法只有在期末才能计算出加权平均单价，从而确定发出商品成本和结存商品成本，平时无法从账上提供发出和结存商品的单价和金额，不利于对商品加强日常管理；而且，期末核算工作量较大。因此，这种方法只适用于商品品种较少，而且前后收入商品单位成本相差较大的企业采用。

（4）移动加权平均法：指以各次收入数量和金额与各次收入前的数量和金额为基础，计算商品销售成本的一种方法。其特点是每购进一批商品都要重新计算一次加权平均单价，因而商品发出的单价随每次购进而移动变化。

【例2-8】以晋华公司羊绒衫商品明细账为例，采用移动加权平均法计算5月份该羊绒衫的成本如表2-6所示。

第一批收入羊绒衫后的加权平均单价＝（180 000+130 000）÷（300+200）
$$= 620（元/千克）$$

第一批发出羊绒衫的实际成本＝400×620＝248 000（元）

第一批羊绒衫发出后结存羊绒衫的实际成本＝100×620＝62 000（元）

第二批收入羊绒衫后的加权平均单价＝（62 000+102 000）÷（100+150）
$$= 656（元/千克）$$

第二批发出羊绒衫的实际成本＝80×656＝52 480（元）

第二批羊绒衫发出后结存羊绒衫的实际成本＝170×656＝111 520（元）

第三批收入羊绒衫后的加权平均单价＝（111 520+70 000）÷（170+100）
$$= 672.30（元/千克）$$

月末结存羊绒衫的实际成本＝270×672.30＝181 521（元）

本月发出羊绒衫实际成本＝180 000+302 000−181 521＝300 479（元）

表2-6　移动加权平均法下库存商品明细账

名称及规格：羊绒衫　　　　　　　　　　　　　　　　　　　　　　　　　　　金额单位：元

2019年		凭证编号	摘要	收入			发出			结存		
月	日			数量	单价	金额	数量	单价	金额	数量	单价	金额
5	1	（略）	期初余额							300	600	180 000
	10		购入	200	650	130 000				500	620	310 000
	11		发出				400	620	248 000	100	620	62 000
	18		购入	150	680	102 000				250	656	164 000

续表

2019年		凭证编号	摘要	收入			发出			结存		
月	日			数量	单价	金额	数量	单价	金额	数量	单价	金额
	20		发出				80	656	52 480	170	656	111 520
	23		购入	100	700	70 000				270	672.3	181 521
	31	本月发生额及月末余额		450		302 000	480		300 479	270	672.3	181 521

知识拓展

移动加权平均法的优点在于商品发出时，可以随时转账，便于加强商品的日常管理；大量核算工作分散在平时进行，减轻了月末工作；而且计算结果较客观，企业也不能任意挑选商品成本以调整当前利润。但是，由于每次收入商品都要重新计算一次加权平均单价，因此计算工作量较大。

（5）毛利率推算法：指根据本期商品销售收入乘以上季度实际毛利率，或者本季度计划毛利率，推算出商品销售毛利，进而推算商品销售成本的一种方法。其计算公式为：

本期商品销售毛利＝本期商品销售收入×上季度实际毛利率

本期商品销售成本＝本期商品销售收入－本期商品销售毛利

＝本期商品销售收入×（1－上季度实际毛利率）

【例2-9】晋华公司2019年7月1日棉布类商品库存24万元，本月购进86万元，本月商品销售收入1 187 500元，上月该类商品的毛利率为20%。

本月销售毛利＝1 187 500×20%＝237 500（元）

本月销售成本＝1 187 500－237 500＝950 000（元）

由于毛利率本身是估计的，且通常按商品大类计算，因此其计算结果往往不准确，为此，一般应在每季度末用前述商品发出计价的其他方法进行调整。

想一想

商品发出计价法的选择对财务报表的影响表现在哪些方面？如果你是公司总经理决定当年发行新股，那么为了吸引投资者你会采取哪种发出存货的计价方法？

四、商品销售成本的结转

商品销售成本的结转方法如表2-7所示。

表 2-7 商品销售成本的结转方法表

结转方式	具体操作
分散结转	在库存商品明细账上计算每种已销售商品成本和期末结存商品的金额，并在每一账户的付出商品金额内登记结转数，然后将各户的商品销售成本加总，求得全部商品销售成本后，在明细账和总账上予以结转
集中结转	在库存商品明细账上只计算每种商品的期末结存金额，不计算每种商品的销售成本，把各户结存商品金额加总或按大类商品加总，得出期末库存商品总金额或大类商品结存金额，然后根据总账或类目账的资料，倒挤出已销商品的成本

项目三

核算零售商品

知识目标

- 掌握售价金额核算的主要内容。
- 掌握零售企业商品销售的核算。
- 掌握零售企业库存商品储存的核算。
- 掌握商品零售企业商品销售的会计核算方法。
- 掌握商品零售企业商品盘点短缺和溢余的核算。
- 掌握商品零售企业主营业务成本的计算和结转。
- 掌握鲜活商品的核算方法。

技能目标

- 能根据商品零售企业取得与购进商品、销售商品相关原始凭证做出相应的账务处理。
- 能进行零售企业销项税额的计算及商品销售收入的调整。
- 能根据商品零售企业的购进与销售情况结转商品的成本。

素质目标

- 诚实守信，廉洁自律。遵守财经法规法纪，不弄虚作假，不为利益诱惑。培养遵纪守法，清正廉洁的职业素养。
- 精益求精，一丝不苟。作为未来的财务工作者，要秉承"工匠精神"，执着专注、精益求精、一丝不苟、尽职尽责，正确核算、严格管理企业资产。

知识导图

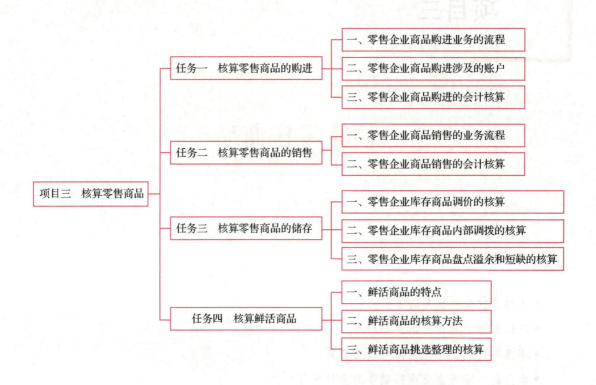

任务一 核算零售商品的购进

引导案例

贵都零售商场是一家商品零售企业，从晋华商品批发公司购入羊毛衫一批，增值税专用发票等结算凭证同时收到，款项已开出转账支票付讫，该批羊毛衫由商场毛衣柜验收。小王认为该商场是零售企业采用售价记录羊毛衫的购进，小李则认为购进必须用实际进价进行记录。

思考：你认为贵都零售商场公司购进商品采用售价记录还是采用进价进行记录？如果采用售价进行记录，那么进价与售价之间的差额要怎样进行处理？

零售企业的经营活动具有以下特点。

第一，企业组织形式多样。零售企业的服务对象主要是城乡居民和集体消费者。为了促进商品流通事业的发展，零售企业采取了多种多样的组织形式。

第二，零售企业网点的设置比较分散，规模也比较小，业务人员分工不细。

第三，零售企业经营商品的范围广泛，品种、规格繁多。

第四，为了及时满足消费者多方位的需求，零售企业必须多渠道采购商品。

第五，零售企业直接面对消费者，企业销售次数频繁，数量零星。

第六，零售企业以商品购销为主要经营活动内容，没有长期储备商品的任务，只在营业柜组必须存放一定数量的商品，并且要保持花色品种齐全，便于顾客挑选。

零售商品流转是指零售企业从商品零售企业或生产企业购进材料，直接销售给消费者的一种商品经营活动。零售商品购进是指商品零售企业为了销售，通过货币结算从商品零售企业或生产企业购进商品的交易行为，是零售商品流转的起点。

一、零售企业商品购进业务的流程

零售商品购进，一般由实物负责人根据商品库存和销售情况，自行组织进货。设有专职采购员的企业，可由实物负责小组提出要货计划，由采购员组织进货。

1. 本地商品购进

企业购进商品，一般以本地为主，从当地商品零售企业或生产单位购进，一些规模较大的企业为了扩大花色品种、增加货源，也有从外地购进商品的。企业在本地购进商品，通常采用提货制和送货制，提货制由企业自行提货，送货制由供货单位根据企业要货单送货上门。不论是提货制还是送货制，其结算方式一般均采用支票结算方式，通过购销双方协商，也可采用银行本票和商业汇票结算。

（1）送货制。送货制流程图如图3-1所示。

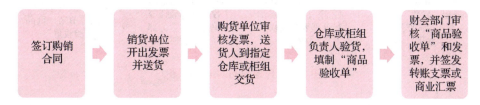

图3-1 送货制流程图

> **知识链接**
>
> 不论采用哪种商品交接方式，在商品运达后，均由实物负责人根据发票所列内容，逐一清点商品数量、检查商品质量，以及核对商品编号、品名、数量、质量、单价和金额无误后，填制"商品验收单"一式数联（图3-2），并加盖收货戳记，同时由验收人员签名或盖章，仓库或柜组留存一联"商品验收单"，根据登记商品保管账或编制"商品进销存报告单"，其余各联交由供货单位送货人到财会部门结算货款。

供货单位：晋华批发公司　　　收货：毛衣柜　　　2019 年 7 月 10 日　　　　　　字第　　号

商品类别	商品名称	单位	购进价格			零售价格			商品进销差价	备注
			数量	单价	金额	数量	单价	金额		
衣物	羊毛衫	件	500	600	300 000	500	700	350 000	50 000	商品送货制
合计					300 000.00			350 000.00	50 000.00	

采购人：张清　　　　检验员：李红　　　　记账员：柳明　　　　仓库保管员：安华

图 3-2　商品验收单

（2）提货制。提货制流程图如图 3-3 所示。

图 3-3　提货制流程图

2. 异地商品购进

企业从外地购进商品，通常采用发货制，结算方式一般采用银行汇票、汇兑、委托收款和商业汇票等。

异地商品购进流程图如图 3-4 所示。

图 3-4　异地商品购进流程图

> ☞ 提示
>
> 供货方为购货方代垫的运杂费，一般与货款一并办理托收。

二、零售企业商品购进涉及的账户

零售商品流转的核算方法一般采用"售价金额核算法"，即零售企业对商品购进、销售、储存的核算均采用售价记账，售价和进价的差额通过"商品进销差价"账户核算，通过库存商品售价总金额控制库存商品数量。零售企业购进的核算需设置"在途物资""库存商品"" 应交税费"" 商品进销差价" 等账户。

(1) "在途物资"账户：是资产类账户，在商品零售企业核算购入商品时已经支付货款但尚未验收入库的在途商品的进价成本，该账户应按供应单位和商品品种设置明细账户。

☞ 提示

企业购入的商品已经到达并已验收入库、货款已经支付的不通过"在途物资"账户核算，而直接通过"库存商品"账户核算。

(2) "库存商品"账户：是资产类账户，在商品零售企业核算库存的各种商品的售价（含税零售价）时，平时商品的购进、销售均按售价计入该账户，期末借方余额反映企业各种库存商品的售价金额，该账户应按商品类别或实物负责人（营业柜组）设置明细账户。

(3) "商品进销差价"账户：是资产类账户，也是"库存商品"账户按售价记账时的调整抵减账户，用来核算商品零售企业采用售价核算的库存商品含税售价与不含税进价之间的差额，该账户的贷方登记应增加库存商品而相应增加的进销差价，借方登记因减少库存商品而相应减少的进销差价，余额一般在贷方，反映期末尚未销售的库存商品应保留的进销差价。该账户应按商品类别或实物管理负责人设置明细账户进行明细分类核算。期末"库存商品"账户的期末余额（售价）减去"商品进销差价"账户的期末贷方余额，就是期末库存商品的进价金额。

零售企业商品购进涉及的账户如图 3-5 所示。

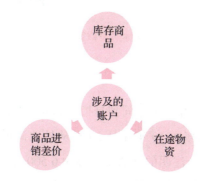

图 3-5　零售企业商品购进涉及的账户

三、零售企业商品购进的会计核算

（一）同城商品购进的核算

同城商品购进一般是购进和货款结算同时办理的。财会部门应根据实物负责小组转来的商品入库验收单、增值税专用发票和付款凭证入账。

【例3-1】贵都零售商场2019年7月10日从晋华商品批发公司购入羊毛衫100件,每件进价700元,货款70 000元,增值税专用发票上注明的增值税税额为9 100元,发票等结算凭证同时收到,款项已开出转账支票付讫,该批羊毛衫由商场毛衣柜验收,每件售价800元。

根据采购合同、增值税专用发票发票联、收货单、支票存根,编制会计分录如下。

借：库存商品——毛衣柜　　　　　　　　　　　　　　　　80 000
　　应交税费——应交增值税（进项税额）　　　　　　　　 9 100
　贷：银行存款——中国银行　　　　　　　　　　　　　　79 100
　　　商品进销差价　　　　　　　　　　　　　　　　　　10 000

（二）异地商品购进的核算

异地商品购进由于商品运输与货款结算在两条线上运行,因此常规购进中总是会出现单货同到、单到货未到、货到单未到等情况。账务处理方法除了以售价记录"库存商品"账户外,与商品零售企业外地购进基本相同。

异地购进核算分类情况如图3-6所示。

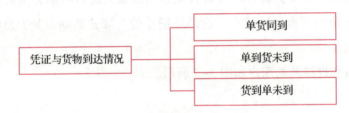

图3-6　异地购进核算分类情况

1. 单货同到

商品零售企业商品购进的核算,单货同到是指结算凭证与商品同时到达。

【例3-2】贵都商品零售商场2019年6月20日从外地尚风制衣厂购入毛衣100件,货款50 000元,增值税专用发票上注明的增值税税额为6 500元,每件毛衣售价800元,发票等结算凭证同时收到,款项已通过中国银行支付,该批毛衣已验收。

根据采购合同、增值税专用发票发票联、收货单、银行付款通知单,编制会计分录如下。

借：库存商品——羊毛衫　　　　　　　　　　　　　　　　80 000
　　应交税费——应交增值税（进项税额）　　　　　　　　 6 500
　贷：银行存款——中国银行　　　　　　　　　　　　　　56 500
　　　商品进销差价　　　　　　　　　　　　　　　　　　30 000

2. 单到货未到

单到货未到是指结算单证先到并支付货款以后，商品才到达验收入库。先核算支付货款，通过"银行存款"和"在途物资"账户核算；商品到达验收入库再通过"库存商品"账户核算。

> ☞ **提示**
>
> "在途物资"账户反映商品进价金额。

【例 3-3】 贵都商品零售公司 2019 年 7 月 18 日从枫叶制衣厂采购西装 200 套，每套进价 1 000 元，货款 200 000 元，增值税专用发票上注明的进项税额为 26 000 元，每套西装售价 1 200 元，发票等结算凭证已经到达，货款已经通过中国银行支付，但西装尚未入库。

（1）2019 年 7 月 18 日，根据增值税专用发票发票联、银行付款通知单，编制会计分录如下。

借：在途物资——枫叶制衣厂　　　　　　　　　　　　　　　200 000
　　应交税费——应交增值税（进项税额）　　　　　　　　　　26 000
　　贷：银行存款——中国银行　　　　　　　　　　　　　　　226 000

（2）若该批羊绒衫在 2019 年 6 月 25 日到达，并验收入库。根据商品验收单，编制会计分录如下。

借：库存商品——服装柜　　　　　　　　　　　　　　　　　240 000
　　贷：在途物资——枫叶制衣厂　　　　　　　　　　　　　　200 000
　　　　商品进销差价　　　　　　　　　　　　　　　　　　　40 000

3. 货到单未到

货到单未到是指商品已验收入库但未收结算单证，尚未付款。

为了简化核算手续，平时在验收入库时，可以暂不进行账务处理，待收到结算凭证时，比照"结算凭证与商品同时到达"进行相应核算。

如果月末结算凭证仍未收到，则应在月末按货物清单或相关合同协议上的价格暂估入账，但不需要将增值税的进项税额暂估入账，借记"库存商品"等账户，贷记"应付账款"账户。下月初，用红字冲销原暂估入账金额予以转回。待取得结算凭证、发票账单时，比照"结算凭证与商品同时到达"的情况进行处理。

> ☞ **提示**
>
> 在暂估入账时，只估计进价。

零售企业发生进货短缺与溢余的情况与批发企业处理流程相似。

任务二　核算零售商品的销售

引导案例

贵都商场分为服装柜台、电器柜台、食品柜台等几个区域，每个区域设置一个收银台，收银台由收银员集中收款，销售商品时，由营业员开具销货凭证，购买者据以向收银台缴款，然后持盖有收银台"现金收讫"印章的销货凭证向营业员提取商品。

思考：这样的销售模式要填制哪些单据，销售时的收入需要进行怎样的账务处理？已销售商品的成本怎样进行结转？

一、零售企业商品销售的业务流程

零售企业商品销售的业务流程图如图3-7所示。

图3-7　零售企业商品销售的业务流程图

1. 收款方式

（1）直接收款方式：由营业员直接收款和销货，收款和销货在柜台同时完成。

（2）集中收款方式：设置收银台由收银员集中收款，销售商品时，由营业员开具销货凭证，购买者据以向收银台缴款，然后持盖有收银台"现金收讫"印章的销货凭证向营业员提取商品。

知识拓展

超市卖场实行敞开货架，顾客自选商品，在商场出口处由收银员用收银机收款，手续简便，效率较高。

2. 解缴方式

零售商品一般采用现金交易，为了加强对销货款的管理，保证现金安全，防止差错，必须严格执行现金管理条例，各营业柜台每天营业终了后，应及时将货款送存银行。

（1）集中解缴：由营业员或收款员将销货款送交财会部门出纳员，再由出纳员集中送存银行。缴款时应填制"内部缴款单"（表3-1）、"现金存款单"，连同销货款送缴企业财会部门或银行，取回回单。实物负责人应逐日或定期根据"内部缴款单""现金存款单"等有关凭证编制"商品进销存报告单"（表3-2）。

表3-1 内部缴款单

交款部门： 　　　　　　　　　2019年10月3日　　　　　　　　　　　　单位：元

项目	摘要	应交金额	实交金额	长款	短款	备注
现金		125 000	125 000			
支票						
其他票据						
合计						
人民币	（大写）壹拾贰万伍仟元整					

表3-2 商品进销存报告单

填报部门： 　　　　　　　　　2019年10月3日　　　　　　　　　　　　单位：元

增加		减少		备注
项目	金额	项目	金额	
本期结存	56 000	本期销售	125 000	
本期进货	109 000	本期拨出		
本期拨入		降价减值		
提价增值		本期短缺		
本期溢余		本期结存	40 000	
合计	165 000.00		165 000.00	

（2）分散解缴：由营业员自行将销货款送存银行。

二、零售企业商品销售的会计核算

（一）零售企业商品销售涉及的账户

（1）"主营业务收入"账户：应按实物负责小组或营业柜组设置明细账，以含税的销售额入账。

（2）"主营业务成本"账户：应按实物负责小组或营业柜组设置明细账，以已销商品的含税销售额入账。

（二）商品销售的核算

1. 正常销售业务的核算

在采用售价金额核算的情况下，零售企业每日营业终了时，各营业柜组（实物负责小组）清点销货款，填制商品进销存日报表及内部缴货单，连同销货款送交企业财会部门据以入账。

> ☞ 提示
>
> 这里所说的商品售价与批发企业不同，因为零售企业向消费者个人销售商品，不得开具增值税专用发票，而是采用销售额与销项税额合并定价的方法收款。

零售企业销售商品的售价是含税售价，即在商品的售价里包含了增值税销项税额，则零售商品实际销售额和增值税销项税额的计算公式为：

商品销售额＝含税收入÷（1+增值税税率）

增值税销项税额＝商品销售额×增值税税率

零售企业由于采用售价金额核算法，对库存商品实行售价记账实物负责制，商品销售出去，库存商品减少，实物负责人的实物责任也相应的减少了。因此，在借记"银行存款"，贷记"主营业务收入"等账户的同时也应在账上注销商品实物负责人的实物责任。

由于"库存商品"账户是按售价记账的，因此按售价借记"主营业务成本"账户，贷记"库存商品"账户，即在平时暂按售价结转主营业务成本，到月末采用一定的方法，计算出已售商品的进销差价后，再对"主营业务成本"账户进行调整，将平时按售价结转的主营业务成本调整为商品销售进价成本。

【例3-4】 贵都商品零售公司2019年10月10日各营业柜组含税销售额为125 000元，其中服装柜为46 000元，百货柜为315 000元，鞋帽柜为475 000元。

根据各柜组报来的现金存款单和商品进销存报告单等，编制会计分录如下。

借：银行存款——工商银行　　　　　　　　　　（含税售价）125 000
　　贷：主营业务收入　　　　　　　　　　　　　　　　　　125 000

同时：

借：主营业务成本　　　　　　　　　　　　　　（含税售价）125 000
　　贷：库存商品——服装柜　　　　　　　　　　　　　　　 46 000
　　　　　　　　——百货柜　　　　　　　　　　　　　　　315 000
　　　　　　　　——鞋帽柜　　　　　　　　　　　　　　　475 000

2. 销售长短款的核算

销货长、短款通常是指销货实收现金大于或小于收款记录应收数的差额。它主要是由工作中的差错造成的。

零售企业发生销售长、短款时,应在长短款报告单上注明应收、实收及长短款的金额。根据具体原因,分清责任,报经批准后视不同情况进行账务处理。分别计入"其他应收款""管理费用""营业外支出"等账户;对于确实无法查明原因的长款应转为"营业外收入"。长、短款应该分别处理,两者不得相互抵消。

3. 销项税额的计算与商品销售收入的调整

实行售价金额核算的企业,在门市销售业务的账务处理中,平时按已售商品的含税售价确认商品销售收入;月终再分解全月含税销售收入,为此,填写"不含税销售收入及增值税计算表"(表3-3),将"主营业务收入"其中的销项税额部分转入"应交税费——应交增值税(销项税额)"。

表3-3 "不含税销售收入及增值税计算表"

2019年10月31日　　　　　　　　　　　　　　　单位:元

营业柜组	含税销售额收入	不含税销售收入	增值税销项税额	备注
百货柜				
服装柜				
…				
合计	226 000	200 000	26 000	

【例3-5】北美商场(一般纳税人)本月含税销售额为226 000元,所售商品增值税税率均为13%,则本月不含税销售额为226 000÷(1+13%)=200 000元,本月增值税销项税额=200 000×13%=26 000元,根据"不含税销售收入及增值税计算表",月末结转会计分录如下。

借:主营业务成本　　　　　　　　　　　　　　　　　　26 000
　　贷:应交税费——应交增值税(销项税额)　　　　　　26 000

4. 已销商品进销差价的计算与主营业务成本的调整

商品零售企业采用售价核算企业的商品销售成本,平时反映的已销商品销售成本是已销商品的零售价金额,所以平时"主营业务成本"账户的借方发生额,并非商品的进价成本。因此到月末应通过一定的方法一次性计算出本月已销商品实现的进销差价,将平时反映的售价成本调整为进价成本。

已销商品进销差价的计算主要有差价率计算法和盘存商品进销差价计算法两类。

进销差价的计算方法如图3-8所示。

图 3-8　进销差价的计算方法

（1）综合差价率计算法。综合差价率计算法是依据全部商品的库存和销售比例，计算出本期销售商品应分摊进销差价的一种方法。具体的计算方法如下。

第一步，计算出本期商品的综合差价率，将期末结转前的"商品进销差价"账户余额，除以期末"库存商品"账户余额与本期主营业务收入之和。

第二步，计算出已销商品的进销差价，综合差价率乘以本期主营业务收入。

综合差价率的计算公式为：

综合差价率=结转前的"商品进销差价"账户余额÷（期末"库存商品"账户余额+本期"主营业务收入"贷方发生额）×100%

本月已售商品应分摊的进销差价=本期主营业务收入贷方发生额×综合差价率

☞ 提示

上述公式中"主营业务收入"是指含税收入，此外，如果企业有委托代销商品等业务，上述公式中的分母还应加上月末"委托代销商品"和"发出商品"账户余额

调整后的"主营业务成本"账户的余额，是按售价计算的已售商品额减去已售商品的进销差价后的数额，即为本月已售商品的实际进价成本；而调整后的"商品进销差价"账户余额是将已售商品进销差价转出后的剩余数额，即结存商品应保留的进销差价额。

【例 3-6】万象商厦 2019 年 10 月末有关账户的资料如下。

库存商品账户余额	185 000 元
主营业务收入账户贷方发生额	415 000 元
主营业务成本账户借方发生额	415 000 元
商品进销差价账户分摊前贷方余额	180 000 元

根据以上资料计算和结转本月已销商品应分摊的进销差价。

综合差价率 = 180 000÷（185 000+ 415 000）×100% = 30%

本月已售商品应分摊的进销差价 = 415 000×30% = 124 500 元

根据计算结果，编制会计分录如下。

借：商品进销差价 124 500
　　贷：主营业务成本 124 500

经过上述计算和结转入账后,"商品进销差价"账户贷方余额为 180 000－124 500＝55 500 元,即为月末库存商品 185 000 元应保留的进销差价。"主营业务成本"账户的余额为 415 000－124 500＝290 500 元,即为本月已销商品的进价成本。

零售企业在采用差价率法计算已售商品进销差价时,可以根据企业各种商品的汇总资料,计算出一个综合平均差价率,这样做可以简化核算工作。但由于企业经营的各种商品差价率并不相同,各种商品的销售比重也不相同,因此简单地用一个综合平均差价率来确定企业全部已售商品的进销差价额,准确性就比较差,从而不能正确地反映企业的经营成果。当然,如果企业的经营品种比较单纯,各种商品的差价率相差不大,而且销售比重较稳定,采用综合差价率还是比较合适的。

（2）分类（或柜组）差价率计算法。为了克服综合差价率的不足,以及提高计算结果的准确性,企业可以将差价率的计算范围缩小,按各类商品或各柜组商品分别计算分类或分柜组差价率,这样做可以使计算结果比较接近实际,因而为零售企业所广泛采用。

采用这种方法需将"库存商品""商品进销差价""主营业务成本"账户按照商品的类别或营业柜组设置明细账,以便分别计算各类（各柜组）商品的差价并据以计算已售商品的进销差价,分别调整"主营业务成本"账户,然后加总求出全部已售商品的进销差价额及销售进价成本。

【例 3-7】恒信商厦 2019 年 10 月末有关账户的资料如表 3-4 所示。

表 3-4　恒信商厦 2019 年 10 月末有关账户的资料表

单位：元

商品大类	商品进销差价账户分摊前贷方余额	库存商品账户余额	主营业务收入账户贷方发生额
百货柜	200 000	300 000	500 000
服装柜	22 000	20 000	80 000
电器柜	19 500	15 000	50 000
合计	241 500	335 000	630 000

已销商品进销差价计算表如表3-5所示。

表3-5 已销商品进销差价计算表

2019年10月31日 单位：元

商品大类	商品进销差价账户分摊前贷方余额	全部商品售价总额		分类差价率（%）	商品进销差价	
		库存商品账户余额	主营业务收入账户贷方发生额		已销商品分摊的进销差价	库存商品分摊的进销差价
百货柜	200 000	300 000	500 000	25	125 000	75 000
服装柜	22 000	20 000	80 000	22	17 600	4 400
电器柜	19 500	15 000	50 000	30	15 000	4 500
合计	241 500	335000	630 000		157 600	83 900

由表3-5可知，百货柜差价率=200 000÷（300 000+500 000）×100%=25%。

👉 想一想

其他柜组分类差价率怎样计算出来的？

根据已销商品进销差价计算表（表3-5），编制会计分录如下。

借：商品进销差价——百货柜　　　　　　　　　　　　　125 000
　　　　　　　　——服装柜　　　　　　　　　　　　　 17 600
　　　　　　　　——电器柜　　　　　　　　　　　　　 15 000
　　贷：主营业务成本——百货柜　　　　　　　　　　　125 000
　　　　　　　　　——服装柜　　　　　　　　　　　　 17 600
　　　　　　　　　——电器柜　　　　　　　　　　　　 15 000

（3）盘存商品进销差价计算法。企业还可以采用盘存商品进销差价计算法计算已售商品进销差价。这种方法又称为实际差价计算法，是在对库存商品进行盘点的基础上，根据各种商品的盘存数量，逐项计算其盘存的进价、售价金额倒算出已售商品进销差价的方法。

具体的计算方法如下。

第一步，通过商品盘点确定期末库存商品数量，以各种商品的实际盘存数量分别乘以该种商品的进价和售价，计算出全部库存商品的进价总金额和售价总金额。

第二步，计算出期末库存商品应保留的进销差价，以期末全部库存商品的售价总金额减去进价总金额，即为全部库存商品应保留的进销差价。其计算公式为：

库存商品应保留的进销差价=期末全部库存商品售价总额-期末全部库存商品进价总额

第三步，计算出已销商品应分摊的进销差价。以"商品进销差价"账户调整前余额减库存商品应保留的进销差价，则可计算出已销商品应分摊的进销差价额。其计算公式为：

已销商品应分摊的进销差价=调整前"商品进销差价"账户余额-期末库存商品应保留的进销差价

> ☞ 提示
>
> 上述公式计算结果若为正数，则说明平时少分摊了已销商品进销差价，应继续分摊，借记"商品进销差价"账户，贷记"主营业务成本"账户；若为负数，则说明平时多分摊了已销商品进销差价，应予以冲回，借记"主营业务成本"账户，贷记"商品进销差价"账户。

【例3-8】茂元商厦2019年10月末商品盘点表中商品进价总金额19 000元，售价总金额27 000元，"商品进销差价"账户调整前余额11 000元，"盘存商品进销差价计算表"如表3-7所示。要求采用盘存商品进销差价法计算本月已销商品的进销差价。

表3-6 盘存商品进销差价计算表

2019年10月31日　　　　　　　　　　　　　　　　单位：元

营业柜组	库存商品售价总额	库存商品进价总额	库存商品应保留的进销差价	备注
百货柜				
服装柜				年度终了时采用
…				
合计	27 000	19 000	8 000	

库存商品应保留的进销差价=27 000-19 000=8 000（元）

已销商品应分摊的进销差价=11 000-8 000=3 000（元）

结转会计分录如下。

借：商品进销差价　　　　　　　　　　　　　　　　　　　　3 000

　　贷：主营业务成本　　　　　　　　　　　　　　　　　　　3 000

采用盘存商品进销差价计算法，能够正确地反映结存商品的实际库存价值。但核算工作和盘点工作量较大，因此企业平时不采用这种方法，一般是在年终为了确定库存商品的实际价值并对"商品进销差价"账户进行核实调整时，才采用此方法。

调整后的"商品进销差价"账户余额与盘存商品实际进销差价相符，从而反映出年终企业库存商品的实际价值。

（4）商品进销差价计算方法的比较与选择。商品进销差价计算方法比较表如表 3-7 所示。

表 3-7　商品进销差价计算方法比较表

项目	综合差价率计算法	分柜组差价率推算法	实际进销差价计算法（盘存商品差价计算法）
运用范围	适用于所经营商品的差价率较为均衡的企业或企业规模小、分柜计算差价率确有困难的企业	适用于经营柜组间差价率不太均衡的企业；或者需要分柜组核算其经营成果的企业	适用于经营商品品种较少的企业，或者在企业需要反映其期末库存商品实际价值时采用
优缺点	计算与核算的手续盈为简便，但计算的结果不够准确	计算较为简便，计算的结果较为准确，但与实际相比较，仍有一定的偏差	计算的结果最为准确，但计算起来工作量较大

任务三　核算零售商品的储存

引导案例

贵都零售商场的部分商品需要进行价格上的调整，还有商品需要在内部进行调拨，盘点时还发现了账实不相符的情况。针对这些情况，小王认为，调整价格要进行新的账务处理，内部调拨不需要进行账务处理，账实不符时记录损失，不记录溢余。

思考：小王的说法正确吗？出现这些情况的正确处理是怎样的？

一、零售企业库存商品调价的核算

商品调价是指商品流通企业根据市场供需状况或者国家物价政策，对某些正常商品的价格进行适当的调高或调低。

由于实行售价金额核算的企业平时不核算商品的数量，因此，在规定调价日期的前一天营业结束后，由核价人员、财会人员会同营业柜组对调价商品进行盘点，按照实际库存数量由营业柜组填制"商品调价差额调整单"一式数联。其中，一联送交财会部门。

财会部门复核无误后，做相应的账务处理：发生调高售价金额时，借记"库存商品"账户，贷记"商品进销差价"账户；发生调低售价金额时，则借记"商品进销差价"账户，贷记"库存商品"账户。

【例 3-9】东方商厦根据市场情况将羊毛衫从 2019 年 9 月 1 日起调整零售价，服装组经过盘点后，编制商品调价差额调整单如表 3-8 所示。

表 3-8 商品调价差额调整单

填报部门：服装组　　　　　　2019 年 9 月 1 日　　　　　　　　　　　　单位：元

品名	盘存数量（件）	零售单价		调整单价差额		调高金额	调低金额
		新价	原价	增加	减少		
男羊毛衫	900	498	539		41		36 900
女羊毛衫	1 120	468	519		51		57 120
合计							94 020

根据商品调价差额调整单，编制会计分录如下。

借：商品进销差价——服装组　　　　　　　　　　　　　　　94 020
　　贷：库存商品——服装组　　　　　　　　　　　　　　　　94 020

二、零售企业库存商品内部调拨的核算

商品内部调拨是指商品零售企业在同一独立核算单位内部各实物负责小组资金的商品转移。

商品内部调拨不作为商品销售处理，也不进行结算，而只是转移各实物负责小组所承担的经济责任。

财会部门接到商品调拨单应及时调整账面记录，借记调入部门库存商品的明细分类账户，贷记调出部门库存商品的明细分类账户，"库存商品"账户的总额保持不变。

采取分柜组差价率计算法分摊已销商品进销差价的企业，还要相应调整"商品进销差价"账户记录，借记调出部门商品进销差价的明细分类账户，贷记调入部门库存商品的明细分类账户。

【例 3-10】2019 年 10 月 3 日，凯宾商厦饮食服务部从食品组调入商品，食品组填制商品内部调拨单，如表 3-9 所示。

表 3-9 商品内部调拨单

调入部门：饮食服务部　　　　　　　　　　　　　　　　　　　　　　　单位：元

品名	计量单位	数量	零售单价		购进价格		商品进销差价
			单价	金额	单价	金额	
绿茶饮料	瓶	200	3.00	600	2.00	400	200
红茶饮料	瓶	300	3.50	1050	2.50	750	300
合计				1 650		1 150	500

根据商品内部调拨单，编制会计分录如下。

项目三　核算零售商品

借：库存商品——饮食服务部　　　　　　　　　　　　　　　　　1 650
　　贷：库存商品——食品组　　　　　　　　　　　　　　　　　　　　1 650

采用分柜组差价率推算法分摊已销商品进销差价的企业，还要将商品进销差价转账，编制会计分录如下。

借：商品进销差价——食品组　　　　　　　　　　　　　　　　　　500
　　贷：商品进销差价——饮食服务部　　　　　　　　　　　　　　　　　500

三、零售企业库存商品盘点溢余和短缺的核算

1. 零售企业库存商品的盘点

商品零售企业实行售价金额核算，平时对于商品购进、销售、储存都只记金额，不记数量，用金额控制数量。而各实物负责人经管的商品是不断变化的，只有通过盘点，才能反映库存商品数量，核算库存商品价值。因此，零售企业每月必须实行全面盘点，以便确定商品数量，核实各实物负责人库存商品账户的金额。

库存商品盘点流程示意图如图3-9所示。

图3-9　库存商品盘点流程示意图

表3-10　商品盘点报告表

实物负责人：郭明　　　　　　　　2019年10月31日　　　　　　　　单位：元

商品编号	品名	单位	数量	零售单价	金额	备注
	A商品	公斤	800	500	400 000	
					…	
	合计				400 000	

（有关人员签章）

表 3-11　商品盘点溢缺报告表

实物负责人：郭明　　　　2019 年 10 月 31 日　　　　　　　　　　单位：元

账面金额	实存金额	溢余金额	短缺金额	原因	
399 800	400 000	200		待查	
领导批示		财会部门意见		实物负责人意见	

(有关人员签章)

2. 库存商品盘点溢余的核算

商品溢余的原因有自然升溢或进货多收、销货少发等人为差错。在商品盘点中发现商品溢余时，应填写"商品盘点溢缺报告表"。在未查明原因前，按溢余商品的售价借记"库存商品"账户，按溢余商品的进价贷记"待处理财产损溢"账户，商品的进价金额可按照上月差价率计算，即进价＝售价×（1－上月差价率），按溢余商品售价与进价的差额贷记"商品进销差价"账户。

根据零售商品盘点报告表及商品盘点溢余短缺报告表等原始凭证，将溢余商品的进价成本冲减"管理费用"账户，差价可按上期差价率计算。

【例 3-11】世贸商城食品柜盘点商品实存 400 000 元，账存 399 800 元，溢余 200 元，原因待查。该柜组上月平均差价率为 30%，则溢余商品的进价金额为 200×（1－30%）＝140 元，

根据商品盘点溢缺报告表和商品盘点报告表，编制会计分录如下。

借：库存商品——食品组　　　　　　　　　　　　　　　200
　　贷：待处理财产损溢　　　　　　　　　　　　　　　　140
　　　　商品进销差价——食品组　　　　　　　　　　　　 60

上述商品溢余查明原因属于自然升溢，编制会计分录如下。

借：待处理财产损溢　　　　　　　　　　　　　　　　　140
　　贷：管理费用　　　　　　　　　　　　　　　　　　　140

3. 库存商品盘点短缺的核算

商品盘点短缺的原因有自然损耗、责任事故、自然灾害，以及管理不善造成被盗、丢失、霉变的非正常损失。在商品盘点中发现商品短缺时，应填写"商品盘点溢缺报告表"。在未查明原因前，按短缺商品的进价借记"待处理财产损溢"账户，按短缺商品的售价贷记"库存商品"账户。

如果属于自然损耗，则应转入"管理费用"账户；如果属于责任事故，则应根据领导的批复，若由当事人负责赔偿，则转入"其他应收款"账户，若由企业负担，则转入"营业外支出"账户。

【例3-12】 世贸商城百货柜盘点商品实存25 000元，账存25 300元，短缺300元，原因待查。该柜组上月平均差价率为30%，则短缺商品的进价金额为300×（1-30%）=210元，根据商品盘点溢缺报告表（表3-12）和商品盘点报告表编制会计分录如下：

借：待处理财产损溢　　　　　　　　　　　　　　　　　　　　　210
　　商品进销差价——百货组　　　　　　　　　　　　　　　　　 90
　　贷：库存商品——百货组　　　　　　　　　　　　　　　　　300

表3-12　商品盘点溢缺报告表

实物负责人：郭明　　　　　　2019年11月31日　　　　　　　　单位：元

账面金额	实存金额	溢余金额	短缺金额	原因
25 300.00	25 000.00		300.00	待查
领导批示		财会部门意见	实物负责人意见	

（有关人员签章）

上述商品短缺查明原因属于自然损耗，编制会计分录如下。

借：管理费用　　　　　　　　　　　　　　　　　　　　　　　210
　　贷：待处理财产损溢　　　　　　　　　　　　　　　　　　210

上述商品短缺查明原因属于营业员过失，应由其负责赔偿，编制会计分录如下。

借：其他应收款　　　　　　　　　　　　　　　　　　　　　237.3
　　贷：待处理财产损溢　　　　　　　　　　　　　　　　　　210
　　　　应交税费——应交增值税（进项税额转出）　　　　　　27.3

☞提示

进项税额转出按照商品进价乘以相应增值税税率。

知识拓展

一般纳税人非正常损失的购进货物、非正常损失的在产品、产成品所耗用的购进货物，原已计入"应交税费——应交增值税（进项税额）"或"应交税费——待认证进项税额"的部分，按现行增值税制度规定不得从销项税额中抵扣，应做转出处理。

非正常损失的购进货物是指因管理不善造成货物被盗、丢失、霉烂变质，以及因违反法律法规造成货物被依法没收、销毁、拆除的。

非正常损失的在产品、产成品所耗用的购进货物是指因管理不善造成在产品、产成品被盗、丢失、霉烂变质，以及因违反法律法规造成在产品、产成品被依法没收、销毁、拆除的。

非正常损失之外的原因造成的存货的盘亏毁损，如自然灾害导致的存货盘亏，其应负担的进项税额可以从销项税额中抵扣，不需要转出。

任务四 核算鲜活商品

引导案例

贵都商场设置了生鲜柜，销售新鲜的蔬菜、水果和肉类，小王认为这类商品的核算和服装柜、电器柜的商品性质不同，应该采用新的核算方法。

思考： 你认为小王的思路正确吗？这类商品具体应该怎样进行核算？

一、鲜活商品的特点

零售企业经营的商品，除工业品外，还有鱼、肉、禽、蛋、奶、果、菜等鲜活商品，这些商品与工业品相比，在业务经营上有以下不同的特点。

（1）商品新鲜，容易腐烂变质，损耗量较大。

（2）经营过程中，经常发生质量等级变化，需要及时清选整理、分等分级、按质论价。

（3）季节性较强，一般大批进货，零星出售，逢节假日，购买力集中，需要组织人力，加强各环节之间协作，给实行售价记账实物负责制带来一定的困难。

根据以上经营特点，为简化核算，零售企业一般对鲜活商品的核算实行"进价金额核算法"。

二、鲜活商品的核算方法

1. "进价记账、盘存计销"

"进价记账、盘存计销"是指仅以进价金额反映库存商品的进销存情况的一种核算方法。

它的核算特点是：商品购进后按实物负责人设置的库存商品明细账，只记进价金额，不记数量；商品销售后按实际取得的销售收入，贷记"主营业务收入"账户，平时不结转主营业务成本。期末定期进行实地盘点，查明实存数量，用最后进价法计算期末库存金额并结转主营业务成本。

其核算内容主要有以下几方面。

（1）商品购进的核算：财会部门根据商品验收单及有关凭证按进价金额计入"库存商

品"总账及明细账。只登记进价金额,不登记商品的品名和数量。

(2)商品销售的核算:财会部门根据商品进销存日报表及有关凭证,贷记"主营业务收入"账户,平时不结转主营业务成本,也不注销"库存商品"账户。

☞ **知识链接**

在商品销售过程中,发生的溢余和损耗及价格调整或等级变化,在会计上均不做账务处理。但对发生的责任事故或非常损失,应查明原因,明确责任,根据具体情况进行调整。

(3)商品储存的核算:月末结转主营业务成本时,采用实地盘点法,以存计销的方法,利用期末商品的库存金额倒挤出已销商品进价成本。

【例3-13】鲜美零售商店(一般纳税人),其"库存商品——生鲜柜"账户的期初余额为25 000元(进价),本月发生下列业务。

(1)本月累计购进商品的进价为60 000元,增值税专业发票注明的增值税税额为7 800元,支付货款67 800元。

根据营业柜组商品验收单、增值税专用发票抵扣联和支票存根,编制会计分录如下。

借:库存商品——生鲜柜　　　　　　　　　　　　　　60 000
　　应交税费——应交增值税(进项税额)　　　　　　 7 800
　　贷:银行存款　　　　　　　　　　　　　　　　　67 800

(2)本月累计商品销售收入101 700元(含税),货款存入银行,根据柜组报来的销售日报表和缴款单回单联,编制会计分录如下。

借:银行存款　　　　　　　　　　　　　　　　　　101 700
　　贷:主营业务收入　　　　　　　　　　　　　　　101 700

(3)月末根据商品盘点的实存数量和最后一次进货单价计算出期末结存商品进价总额为28 000元,计算本月已销商品的进价成本。

已销商品的进价成本=25 000+60 000-28 000=57 000(元)

编制会计分录如下。

借:主营业务成本　　　　　　　　　　　　　　　　　57 000
　　贷:库存商品——生鲜柜　　　　　　　　　　　　 57 000

(4)月末,将本月含税销售收入调整为不含税收入,并结转增值税销项税额。

销项税额=101 700÷(1+13%)×13%=11 700(元)

借:主营业务收入　　　　　　　　　　　　　　　　　11 700
　　贷:应交税费——应交增值税(销项税额)　　　　　11 700

> **想一想**
> 如果鲜美零售商店为小规模纳税人，那么怎样进行账务处理？

> **提示**
> 这种方法手续不够严密，平时不能反映库存商品的结存情况，对商品的溢缺情况和责任事故不能控制，容易产生弊端，商品消耗及损失均计入了商品销售成本。因此，采用这种方法必须加强进货验收和销货收款手续，加强商品管理、严防各种漏洞的发生。

2. "进价记账，售价控制"

"进价记账，售价控制"是指企业在实行"进价记账、盘存计销"的同时，辅以售价控制的方法，是进价金额核算、盘存计销方法的辅助方法，是为了弥补"进价记账、盘存计销"核算方法的不足。

其核算要点有以下几点。

（1）购时商品时，由业务部门统一验收，按零售价格拨给各个实物负责人；拨货时，应填制"商品调拨单"注明商品的等级、数量和零售单价。

（2）销售商品时，按实收金额计入销售收入。

（3）每日营业终了，各营业柜组进行商品盘点，计算出本日销货数量及应收销货款。

（4）将应收销货款和实收销货款进行核对。如果应收销货款小于或大于实收货款，则说明发生了商品溢余或差错事故，应及时查明原因进行处理。

（5）根据当日销售，计算出已销商品的进价，并计算出当日已销商品成本和毛利，并填写"商品销售情况日报表"（表3-13）连同实收货款送交财会部门，以考核经营成果。

表3-13 商品销售情况日报表

填制单位：　　　　　　　　　　　　　年　月　日

品名规格	摘要	昨日存货		本日供货		本日存货		本日应销			备注
		数量	金额	数量	金额	数量	金额	数量	售价	金额	
合计											
销售记录	本日应销		本日实销		本日溢余		本日损耗		销售成本	销售毛利	毛利率

三、鲜活商品挑选整理的核算

（1）对商品进行挑选整理时，应作为内部移库处理。

（2）商品挑选整理过程中发生的费用，列入"管理费用"处理，不增加商品成本。

（3）商品挑选整理后，商品因清除杂质、水分而发生的数量、规格、等级的变化，应相应地调整商品的数量和零售价，不改变总金额。

（4）商品因挑选整理而发生的溢余和短缺，若属于事故损失，则应按财产损失处理，列入"营业外支出"账户；若属于责任事故，则应及时查明原因，以分清责任，在报经领导批准后列入"其他应收款"账户。

项目四

核算商品流通企业常见业务

知识目标

- 掌握折扣、折让的核算。
- 熟悉进货退出和销货退回的手续。
- 掌握进货退出和销货退回的核算。
- 掌握商品退补价的核算。
- 掌握拒付货款和拒收商品的核算。
- 掌握商品流通企业商品存货减值的核算。

技能目标

- 能根据商品流通企业取得的相关原始凭证核算常见折扣、退货、商品减值的业务。
- 能判断商品流通企业的商品减值,并做相应的账务处理。
- 能根据需要填开红字发票。

素质目标

- 通过了解传统文化节日促销对企业产生的经济效益和社会效益,唤起大学生发展社会主义先进文化,弘扬革命文化,传承中华优秀传统文化的观念。
- 培养客观公正、诚实守信的职业理念。收入是衡量企业经营业绩的重要指标,同时和企业应交增值税的确认有密切联系。企业会计人员应根据收入准则合理确认收入,正确计算应交税费,做一名诚实守信的会计人。

项目四 核算商品流通企业常见业务

知识导图

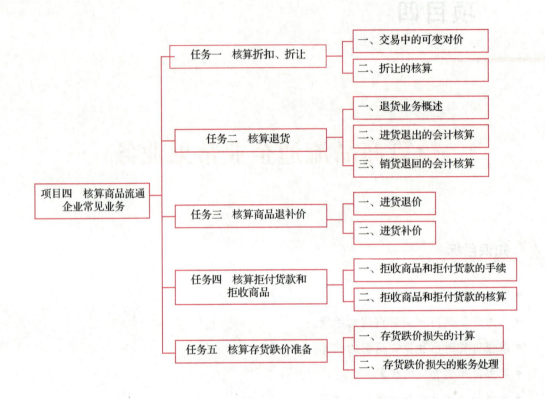

任务一 核算折扣、折让

引导案例

晋华公司目前对3类客户给予一定的折扣，即对于购买数量较多的客户给予一定折扣优惠、对付款较早的客户给予一定的折扣及对买到瑕疵商品的客户给予一定的折扣。小王认为这3种折扣都会造成收入的减少，因此进行收入的抵减。

思考：你认为小王的说法正确吗？这3类折扣分别是什么？分别要怎样进行账务处理？

一、交易价格中的可变对价

交易价格,是指企业因向客户转让商品而预期有权收取的对价金额。合同标价并不一定代表交易价格,在确定交易价格时,企业应当考虑可变对价、合同中存在的重大融资成分、非现金对价以及应付客户对价等因素的影响,并应当假定将按照现有合同的约定向客户转移商品,且该合同不会被取消、续约或变更。

企业与客户的合同中约定的对价金额可能是固定的,也可能会因折扣、价格折让、返利、退款、奖励积分、激励措施、业绩奖金、索赔等因素而变化。

1. 可变对价最佳估计数的确定

企业应当按照期望值或最可能发生金额确定可变对价的最佳估计数。期望值是按照各种可能发生的对价金额及相关概率计算确定的金额。如果企业拥有大量具有类似特征的合同,并估计可能产生多个结果时,通常按照期望值估计可变对价金额。

【例4-1】2020年3月,晋华电器公司向零售商大华公司销售500台空调,每台价格为4 000元,合同价款合计200万元。晋华公司向大华公司提供价格保护,同意在未来6个月内,如果同款冰箱售价下降,则按照合同价格与最低售价之间的差额向大华公司支付差价。晋华公司根据以往执行类似合同的经验,预计各种结果发生的概率如表4-1所示。上述价格均不包含增值税。

表4-1

未来6个月内的降价金额(元/台)	概率
0	40%
200	30%
300	20%
500	10%

本例中,晋华公司认为期望值能够更好地预测其有权获取的对价金额。在该方法下,晋华公司估计交易价格每台的金额 = (4 000-0)×40% + (4 000-200)×30% + (4 000-300)×20% + (4 000-500)×10% = 3 830(元),即应确认的收入为1 915 000(500×3 830)元。

最可能发生金额是一系列可能发生的对价金额中最可能发生的单一金额,即合同最可能产生的单一结果。当合同仅有两个可能结果(例如,企业能够达到或不能达到某业绩奖金目标)时,按照最可能发生金额估计可变对价金额可能是恰当的。

【例4-2】晋建公司为其客户建造一栋办公楼,合同约定的价款为800万元,但是,如果晋建公司不能在合同签订之日起的120天内竣工,则须支付80万元罚款,该罚款从合同价款中扣除。晋建公司对合同结果的估计如下：工程按时完工的概率为90%，工程延期的概率为10%。

本例中，由于该合同涉及两种可能结果，晋建公司认为按照最可能发生金额能够更好地预测其有权获取的对价金额。因此，晋建公司估计的交易价格为800万元，即为最可能发生的单一金额。

2. 计入交易价格的可变对价金额的限制

企业按照期望值或最可能发生金额确定可变对价金额之后，计入交易价格的可变对价金额还应该满足限制条件，即包含可变对价的交易价格，应当不超过在相关不确定性消除时，累计已确认的收入极可能不会发生重大转回的金额。企业在评估是否极可能不会发生重大转回时，应当同时考虑收入转回的可能性及其比重。其中，"极可能"发生的概率应远高于"很可能（即，可能性超过50%）"，但不要求达到"基本确定（即，可能性超过95%）"。

企业应当将满足上述限制条件的可变对价的金额，计入交易价格。每一资产负债表日，企业应当重新估计应计入交易价格的可变对价金额，包括重新评估将估计的可变对价计入交易价格是否受到限制，以如实反映报告期末存在的情况以及报告期内发生的情况变化。

二、销售折让的核算

企业与客户的合同中约定的对价金额可能会因折扣、价格折让、返利、退款、奖励积分、激励措施、业绩奖金、索赔等因素而变化。销售折让是指企业因售出的商品质量不合格等原因而在售价上给予购货方价格上的减让。销售折让是发生在商品销售之后，在企业确认收入后，在实际发生折让时冲减商品销售收入。

【例4-3】2019年5月5日，晋华公司向兴盛公司销售一批羊绒衫，增值税发票上注明的销售价格为300 000元，增值税税额为39 000元，产品已经发出，款项尚未收到，该批产品的成本为180 000元，兴盛公司已将该批产品验收入库。2019年5月10日，兴盛公司在验收过程中发现商品质量不合格，要求在价格上给予5%的折让，晋华公司认定要求合理，同意给予5%的折让。晋华公司于5月18日收到货款。假定发生的销售折让允许扣减当期增值税税额，假定除了增值税外不考虑其他税费。

（1）5月5日，根据销售合同、增值税专用发票记账联，编制会计分录如下。

借：应收账款 339 000
　　贷：主营业务收入 300 000
　　　　应交税费——应交增值税（销项税额） 39 000

（2）5月10日，晋华公司根据进货退出及索取折让证明单、红字增值税专用发票，编制会计分录如下。

借：主营业务收入　　　　　　　　　　　　　　　　　　　　15 000
　　应交税费——应交增值税（销项税额）　　　　　　　　　1 950
　　贷：应收账款　　　　　　　　　　　　　　　　　　　　16 950

（3）5月18日，实际收到款项时，晋华公司根据银行收账通知，编制会计分录如下。

借：银行存款　　　　　　　　　　　　　　　　　　　　　322 050
　　贷：应收账款　　　　　　　　　　　　　　　　　　　　322 050

知识拓展

销售折扣和销售折让属于资产负债表日后事项的，应按资产负债表日后事项的准则处理。

☞ 知识链接

红字增值税专用发票的取得参照《增值税专用发票使用规定》（国税发〔2006〕156号）及《关于修订增值税专用发票使用的补充通知》（国税发〔2006〕156号）。

任务二　核算退货

引导案例

贵都商场在从晋华公司购入商品后，发现商品与合同不符，因此要求退货。小王认为在退货发生后，贵都商场只需要把商品退回即可，不需要进行账务处理；而晋华公司抵减收入即可。

思考：小王的说法正确吗？退货发生后购货方和销货方是否应该分别进行核算？

一、退货业务概述

商品退货是指仓库按订单或合同将货物发出后，由于某种原因，客户将商品退回仓库。商品退回情况如图4-1所示。

图4-1　商品退回情况

一项退货业务同时涉及购货方和销货方,对于购货方来讲,是进货退出;对于销货方来讲,是销货退回。进货退出是指企业购进商品已验收入库,事后发现商品质量、品种或规格等问题,经与供货方协商同意后,将商品退回销货方。销货退回是指企业售出的商品,由于质量、品种或规定不符合要求等原因而发生的退货。

发生商品退货的原因比较多,具体原因如图 4-2 所示。

图 4-2 商品退货的原因

二、进货退出的会计核算

(1) 购货方尚未支付货款并未进行账务处理,此时发生退货,购货方无须进行账务处理,但需将原取得的增值税专用发票的发票联和税款抵扣联退还给供货方。

(2) 购货方进货后已支付货款,或者未支付货款但已进行账务处理,原取得的增值税专用发票无法退回给供货方。财会部门根据供货方提供的红字增值税专用发票及本企业的红字验收单进行相应的账务处理,冲减库存商品及进项税额,并向供货方索取退货款。

【例 4-4】晋华公司 2019 年 9 月 8 日,从美艺制衣厂购入男士衬衣 500 件,单价为 100 元/件,增值税专用发票上注明的价款 50 000 元,增值税税额为 6 500 元,货款已支付,商品已经整箱验收入库,事后拆箱时发现该批商品中有女士衬衣 100 件,与合同规定不符,经与美艺制衣厂联系,同意退货处理。

(1) 根据业务部门转来红字增值税专用发票及进货退出发货单,编制会计分录如下。

借:应收账款——美艺制衣厂　　　　　　　　　　　　　　　　11 300
　　贷:库存商品——女士衬衣　　　　　　　　　　　　　　　　10 000
　　　　应交税费——应交增值税(进项税额)　　　　　　　　　1 300

(2) 收到美艺制衣厂退回货款时,根据进账单,编制会计分录如下。

借:银行存款　　　　　　　　　　　　　　　　　　　　　　　11 300
　　贷:应收账款——美艺制衣厂　　　　　　　　　　　　　　　11 300

零售企业购进商品后,发现商品的品种、规格、数量等与增值税专用发票所列内容不符合,与供货单位联系,由供货单位开出红字增值税专用发票,并办理退货手续,然后将商品退回,并进行会计处理。

任务二 核算退货

【例4-5】东方商厦发现2019年10月购进的女装有10件不符合质量要求,与厂家联系后同意退货,每件女装的进价为500元,售价700元。

(1)根据服装组转来的红字收货单,编制会计分录如下。

借:在途物资 5 000
　　商品进销差价 2 000
　　贷:库存商品 7 000

(2)根据对方开出的红字增值税专用发票,编制会计分录如下。

借:应收账款 5 650
　　贷:在途物资 5 000
　　　　应交税费——应交增值税(进项税额) 650

三、销货退回的会计核算

(1)若购销双方均未进行账务处理,销货方应收回原开出的增值税专用发票并注明"作废"字样。

(2)若购货方尚未进行账务处理,而销货方已做账务处理,销售方收回购货方退回的专用发票并注明"作废"字样,同时开具相同金额的红字发票,将作废的专用发票粘贴在红字发票后面并进行账务处理。

(3)若购货方已根据增值税专用发票进行账务处理无法收回时,销货方必须取得购货方转来的主管税务机关开具的"进货退出证明单",据此开具红字增值税专用发票,办理收回商品、退付货款等手续,并进行相应的账务处理。

根据销货方是否确认收入,其会计处理有以下两种情况。

(1)对于未确认收入的销货退回,企业只需将已计入"发出商品"账户的商品成本金额转回到"库存商品"账户,即借记"库存商品"账户,贷记"发出商品"账户。

☞提示

使用售价计算的,按售价计入"库存商品"账户,同时计算商品进销差价。

(2)对于已确认收入的销货退回,企业一般应在发生销货退回时冲减退回当期的销售收入(销售商品退回属于资产负债表日后事项的除外),同时冲减退回当期的销售成本;如果该项销售已经发生现金折扣,则应在退回当月一并调整;如果该项销货退回允许扣减销项税额,则应同时调整"应交税费——应交增值税(销项税额)"账户的金额。

【例4-6】晋华公司2019年5月20日销售一批羊绒衫给恒信商厦,售价为50万元,增值税税额为8万元,成本为26万元。合同规定的现金折扣条件为2/10、1/20、N/30。甲公司于5月26日付款,享受现金折扣10 000元。由于本批羊绒衫有质量问题,因此恒信商厦

项目四 核算商品流通企业常见业务

要求退货。晋华公司于 2019 年 6 月 18 日收到恒信商厦退回的羊绒衫，同时退回原销货款。

（1）5 月 20 日，根据销售合同、增值税专用发票记账联，编制会计分录如下。

借：应收账款　　　　　　　　　　　　　　　　　　　565 000
　　贷：主营业务收入　　　　　　　　　　　　　　　　500 000
　　　　应交税费——应交增值税（销项税额）　　　　　 65 000

（2）5 月 26 日，实际收到款项时，晋华公司根据银行收账通知、现金折扣计算单，编制会计分录如下。

借：银行存款　　　　　　　　　　　　　　　　　　　555 000
　　财务费用　　　　　　　　　　　　　　　　　　　 10 000
　　贷：应收账款　　　　　　　　　　　　　　　　　　565 000

（3）2019 年 6 月 18 日，晋华公司根据进货退出及索取折让证明单、红字增值税专用发票、银行付款通知单、产品入库单，编制会计分录如下。

借：主营业务收入　　　　　　　　　　　　　　　　　500 000
　　应交税费——应交增值税（销项税额）　　　　　　 65 000
　　贷：银行存款　　　　　　　　　　　　　　　　　　555 000
　　　　财务费用　　　　　　　　　　　　　　　　　　 10 000
借：库存商品　　　　　　　　　　　　　　　　　　　260 000
　　贷：主营业务成本　　　　　　　　　　　　　　　　260 000

> ☞ **知识链接**
>
> 销售退回属于资产负债表日后事项的，应按资产负债表日后事项的准则处理。

任务三　核算商品退补价

引导案例

> 晋华公司在购进商品时，实际支付的价款低于原来结算的价款，小王认为这种情况因为不涉及商品数量的变化，所以不影响库存商品的核算，只需调整支付价款的金额即可。
>
> **思考：** 小王的说法正确吗？批发企业和零售企业的商品退补价核算一样吗？

购进商品退补价也称为进货退补价指商业企业在购进商品过程中，其实际进价低于或高于原来结付的价款,而由供货方退回(退价)或补给供货方的货款(补价)。产生的原因是:因供货方价格计算差错,或者发货时先按暂定价格结算,以后价格确定,进行价格调整等原因造成。

> ☞ 提示
> 进货退补价只是金额的增减,不涉及库存商品数量的变动。

发生进货退补价时,一般应由供货单位填制"销货更正单"(或退补价通知单)送交购货单位,由购货单位业务部门审核后,填制"进货更正凭证",送财会部门据以进行账务处理。

一、进货退价

进货退价是指应记的进价低于已结算的进价,由供货单位退还给进货单位差价款的情况。

(一) 批发企业

(1) 商品尚未售出或虽已售出但尚未结转商品销售成本,根据供货红字增值税专用发票及"销货更正单",收到的补价借记"银行存款"账户,并贷记"库存商品"账户的金额,同时调整增值税进项税额。

【例4-7】晋华公司2019年5月15日从新兴服装厂购进女士大衣20件,单价520元/件,货款已付讫。该批大衣尚未售出,2019年6月1日收到该服装厂的更正发票及货款,发票列明单价为500元/件,应退回货款400元,退增值税税额为52元。

根据供货红字增值税专用发票、银行进账单及"销货更正单",编制会计分录如下。

借:银行存款　　　　　　　　　　　　　　　　　　　　452
　　贷:库存商品——女士大衣　　　　　　　　　　　　400
　　　　应交税费——应交增值税(进项税额)　　　　　　52

> ☞ 提示
> 库存商品进货退补价只涉及金额的增减,不涉及库存商品数量的变动。

(2) 商品已经售出,并已结转主营业务成本,根据供货红字增值税专用发票及"销货更正单",则不调整"库存商品"的金额,而调整"主营业务成本"金额。

【例4-8】承接例4-7,若晋华公司该批大衣已经售出,则根据供货红字增值税专用发票、银行进账单及"销货更正单",编制会计分录如下。

借:银行存款　　　　　　　　　　　　　　　　　　　　452
　　贷:主营业务成本——女士大衣　　　　　　　　　　400

应交税费——应交增值税（进项税额）　　　　　　　　　　　　52

（二）零售企业

零售企业一般采用售价金额核算法，购进商品退补价只需调整"商品进销差价"账户，商品的销售价格不变，不调整"库存商品"账户的金额。

供货单位退还货款，根据供货红字增值税专用发票及"销货更正单"，则应收的补价借记"应收账款"账户，并贷记"商品进销差价"的账户，同时红字冲销增值税进项税额。

【例4-9】 南方商厦从艺美工艺品公司购进旅游工艺品一批，共10件，每件进货单价300元，零售单价450元/件，商品已验收入库。今收到该工艺品公司的更正发票，列明每件单价为250元，艺美工艺品公司应退还收货款500元，红字冲销增值税税额为65元，南方商厦尚未收到退款。

根据供货红字增值税专用发票及"销货更正单"，编制会计分录如下。

借：应收账款——艺美工艺品公司　　　　　　　　　　　　　　　565
　　贷：商品进销差价　　　　　　　　　　　　　　　　　　　　　　500
　　　　应交税费——应交增值税（进项税额）　　　　　　　　　　　　65

二、进货补价

进货退价是指应计的进价高于已结算的进价，由进货单位补付货款差款的情况。

（一）批发企业

（1）商品尚未售出或虽已售出但尚未结转商品销售成本，根据供货红字增值税专用发票及"销货更正单"借记"库存商品"的账户，同时借记增值税进项税额，需支付的补价贷记"应付账款"账户。

【例4-10】 承接例4-7，若晋华公司收到的更正发票列明每件单价为540元，应补收货款400元，补增值税税额为52元，货款尚未支付。

根据供货红字增值税专用发票及"销货更正单"，编制会计分录如下。

借：**库存商品**　　　　　　　　　　　　　　　　　　　　　　　　400
　　应交税费——应交增值税（进项税额）　　　　　　　　　　　　　52
　　贷：应付账款——新兴服装厂　　　　　　　　　　　　　　　　452

（2）商品已经售出，并已结转主营业务成本，根据供货红字增值税专用发票及"销货更正单"，则不调整"库存商品"的金额，而调整"主营业务成本"金额。

（二）商品零售企业

进货单位补付货款，供货单位补收货款，根据供货红字增值税专用发票及"销货更正单"，则应收的补价贷记"应付账款"账户，并借记"商品进销差价"的账户，同时调整增

任务四 核算拒付货款和拒收商品

加增值税进项税额。

【例4-11】承接例4-9,若南方商厦收到艺美工艺品公司的更正发票,发票列明每件进货单价350元,则需要补足货款500元,补付增值税税额为65元,货款尚未支付。

根据供货红字增值税专用发票及"销货更正单",编制会计分录如下。

借:商品进销差价　　　　　　　　　　　　　　　　　　　　500
　　应交税费——应交增值税（进项税额）　　　　　　　　　 65
　　贷:应付账款——艺美工艺品公司　　　　　　　　　　　　　 565

知识拓展

供货单位由于品种等原因开错价格,事后开来更正发票,此时需要更正批发价和零售价。如果供货单位需要退款时,除了更正增值税专用发票冲减采购成本、进项税额和应付账款外,还要冲减库存商品的售价金额、进价成本和商品进销差价。如果供货单位补收货款,除了根据更正增值税专用发票增加商品采购金额、进项税额和应付账款外,还要增加库存商品的售价金额、进价成本和商品进销差价。

任务四　核算拒付货款和拒收商品

引导案例

晋华公司采用托收承付的结算方式,在收到银行转来的托收承付结算凭证及有关发票账单时,发现发票内容与合同不符,因此决定拒付部分货款,在随后验收商品时,又发现所购商品与合同不符时,因此决定拒收商品。

思考:拒收商品和拒付货款需要办理什么手续？会计部门要进行怎样的账务处理？

一、拒收商品和拒付货款的手续

在企业采用托收承付方式下,当企业接到银行转来的托收承付结算凭证及有关发票账单时,应认真与合同核对,如果发现有关内容与合同不符或产品质量有问题时,则可拒付货款(全部或部分);当验收商品时,如果发现所购商品与合同不符时,则可以拒收商品。

拒收商品和拒付货款的手续如图4-3所示。

项目四 核算商品流通企业常见业务

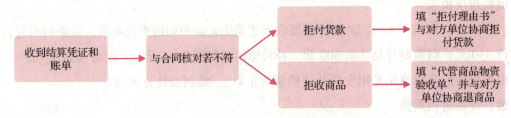

图 4-3 拒收商品和拒付货款的手续

二、拒收商品和拒付货款的核算

1. 货款已付，拒收商品

购货方承付了商品货款，待商品到达验收时，发现商品质量、规格等有问题或与合同不相符，应及时与供货方联系，要求重新发运商品及协商拒收商品的处理。若销货方补发商品，则在商品收到验收后再做入库处理；若销货方不再补发商品，则由销货方业务部门填制红字增值税专用发票，做进货退出处理。

【例 4-12】晋华公司 2019 年 9 月 18 日，从星美制衣厂购入裤子 200 条，单价为 200 元，增值税专用发票上注明的价款 40 000 元，增值税税额为 5 200 元，货款已支付，并办理托收承付手续。

（1）根据银行转来的托收凭证、增值税专用发票及结算单，编制会计分录如下。

借：在途物资——裤子　　　　　　　　　　　　　　　　40 000
　　应交税费——应交增值税（进项税额）　　　　　　　 5 200
　　贷：银行存款　　　　　　　　　　　　　　　　　　45 200

（2）商品运到后，验收入库，发现该批商品中有 50 条裤子与合同规定不符，做拒收商品处理，并相应扣减增值税税额 1 300 元，经与星美制衣厂联系，同意退回拒收商品，其余 150 条做购进处理。

根据供货方提供的红字发票，编制会计分录如下。

借：库存商品　　　　　　　　　　　　　　　　　　　30 000
　　应收账款——星美制衣厂　　　　　　　　　　　　11 300
　　贷：在途物资——裤子　　　　　　　　　　　　　40 000
　　　　应交税费——应交增值税（进项税额）　　　　 1 300

☞ 提示

将拒收的商品的金额和运杂费，从"在途物资"账户和"销售费用"账户转入"应收账款"账户，同时将拒收的商品做代管处理。

(3) 商品发运，根据进账单编制会计分录如下。

借：银行存款　　　　　　　　　　　　　　　　　　　　　11 300
　　贷：应收账款——星美制衣厂　　　　　　　　　　　　　　　11 300

2. 货款未付，拒付货款

购货方购买了商品，货款尚未支付，待收到商品是时发现商品与合同不符，可以拒付全部或部分货款。如果全部拒付货款，则填制"全部拒付理由书"，连同结算凭证、发票账单送银行转交对方，财会部门不需要做任何账务处理；如果部分拒付货款（数量短缺或单价错误），则填制"部分拒付理由书"送银行转交对方，财会部门只按实际承付的金额反映购进付款业务。

【例4-13】晋华公司2019年9月28日，从尚美鞋帽厂购入女士帽子1 000顶，单价为30元/顶，增值税专用发票上注明的价款30 000元，增值税税额为3 900元。

(1) 商品运到后，验收入库，发现该批商品中有100顶帽子为男士帽子，与合同规定不符，做拒收商品处理，暂做代管，其余900顶已验收入库，待收到银行转来的托收凭证，办理部分拒付手续。

根据托收凭证和拒付理由书，编制会计分录如下。

借：库存商品——女士帽子　　　　　　　　　　　　　　　27 000
　　应交税费——应交增值税（进项税额）　　　　　　　　　 3 510
　　贷：银行存款　　　　　　　　　　　　　　　　　　　　　30 510

(2) 接供货单位尚美鞋帽厂函告100顶男士帽子系错发，请求晋华公司购进，晋华公司同意寄去扣税证明单办理更正手续，今接到供货单位尚美鞋帽厂寄来的红字增值税专用发票及男士帽子发票联据以转账，每顶男士帽子20元，价款2 000元，价税合计2 260元，代管男士帽子验收入库，并会出货款。

根据增值税专用发票和进帐单，编制会计分录如下。

借：库存商品——男士帽子　　　　　　　　　　　　　　　 2 000
　　应交税费——应交增值税（进项税额）　　　　　　　　　　 260
　　贷：银行存款　　　　　　　　　　　　　　　　　　　　　 2 260

项目四 核算商品流通企业常见业务

任务五　核算存货跌价准备

引导案例

晋华公司的部分毛衣商品的销路不畅造成积压，在进行清查时发现了部分毛衣毁损，小王认为这样的毛衣价值一定发生了减损，但是不知道怎样计量减损的价值。

思考：请你为小王想办法来计量毛衣的减损价值，并进行价值减损的账务处理。

为了准确地反映存货质量，商品流通企业应在期末对存货进行全面清查，存货可能发生毁损、陈旧或价格下跌。因此，在会计期末，存货的价值并不一定按成本记录，而是应按成本与可变现净值孰低计量。

一、存货跌价损失的计算

资产负债表日，存货应当按照成本与可变现净值孰低法计量。

成本与可变现净值孰低法，是指期末存货按照成本与可变现净值两者之中较低者计价的方法，即当成本低于可变现净值时，期末存货按成本计价；当成本高于可变现净值时，期末存货按可变现净值计价，即存货发生减值，确认存货跌价损失，计提存货跌价准备。

成本与可变现净值孰低法中的成本是指期末存货的实际成本，如果企业在存货成本的日常核算中采用计划成本法等简化核算方法，则成本应为调整后的实际成本。

可变现净值是指日常活动中，存货的估计售价减去至完工时估计将要发生的成本、估计的销售费用及相关税费后的金额。具体计算时要区分出售的商品存货和耗用的材料存货。

知识拓展

企业通常应当按照单个存货项目计提存货跌价准备。对于数量繁多、单价较低的存货，可以按照存货类别计提存货跌价准备。与在同一地区生产和销售的产品系列相关、具有相同或类似最终用途或目的，且难以与其他项目分开计量的存货，可以合并计提存货跌价准备。

1. 商品存货可变现净值的确定

可变现净值计算图如图4-4所示。

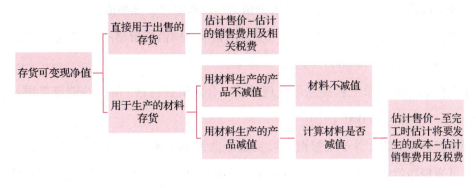

图4-4 可变现净值计算图

（1）直接用于出售的存货。商品是直接用于出售的存货，其可变现净值根据在日常活动中，以商品的估计售价减去估计的销售费用和相关税费后的金额确定。

> ☞提示
>
> 　　会计期末，运用成本与可变现净值孰低原则对商品存货进行计量，在确定商品存货的可变现净值时，不存在"至完工估计将要发生的成本"的问题，而是直接以估计售价减去估计的销售费用和相关税费后的金额确定。

【例4-14】2019年7月31日，晋华公司库存羊毛衫200件，每件实际成本为500元，同日该商品的市场销售价格为400元，估计的销售费用及相关税金为10 000元。

羊毛衫商品可变现净值＝羊毛衫的估计售价－估计的销售费用及相关税费
$$= 80\ 000 - 10\ 000 = 70\ 000（元）$$

羊毛衫商品的可变现净值为7万元，羊毛衫商品的账面成本为10万元，按成本与可变现净值孰低法计量，2019年7月31日羊毛衫商品的期末价值应以可变现净值7万元计量。

（2）为执行销售合同或者劳务合同而持有的存货。为执行销售合同或者劳务合同而持有的商品，其可变现净值应当以合同价格为基础。企业持有存货的数量多于销售合同订购数量的，超出部分的存货的可变现净值应当以一般销售价格为基础计算。

【例4-15】2019年11月11日，晋华公司与东方商厦签订购销合同，晋华公司2020年1月5日以每件550元的价格向东方商厦提供300件羊毛衫，2019年12月31日，晋华公司库存羊毛衫400件，每件实际成本为500元，同日该商品的市场销售价格为600元，为执行合同销售的300件羊毛衫估计销售费用及相关税金为20 000元，其余100件羊毛衫估计销售费用及相关税金为 10 000 元。

羊毛衫有 400 件，其中 300 件持有的目的是执行销售合同，另外 100 件持有的目的是为了出售，分别以合同销售价格和商场销售价格为基础确定可变现净值。

执行销售合同的 300 件羊毛衫商品可变现净值＝合同销售价格－估计的销售费用及相关税费＝300×550－20 000＝145 000（元）

用于出售的 100 件羊毛衫商品可变现净值＝合同销售价格－估计的销售费用及相关税费＝100×600－10 000＝50 000（元）

执行销售合同的 300 件羊毛衫商品可变现净值为 145 000 元，账面成本为 150 000 元，按成本与可变现净值孰低法计量，2019 年 12 月 31 日 300 件羊毛衫商品的期末价值应以可变现净值 145 000 元计量；用于出售的 100 件羊毛衫商品可变现净值为 50 000 元，账面成本为 50 000 元，按成本与可变现净值孰低法计量，2019 年 12 月 31 日 100 件羊毛衫商品的期末价值应以可变现净值 50 000 元计量。

2. 用于生产的材料

料、在产品或自制半成品等需要加工的存货，其可变现净值根据在日常活动中存货的估计售价减去至完工时估计将要发生的成本、估计的销售费用及相关税费后的金额确定。

如果属于按订单生产，则应按协议价而不是估计售价确定可变现净值。

具体来说，对于用于生产而持有的材料等存货，按以下原则处理。

（1）对于用于生产而持有的材料等存货，如果用其生产的产成品的可变现净值预计高于成本，则该材料等存货应当按照成本计量。

【例 4-16】2019 年 7 月 31 日，锦华制衣公司氨纶布料的账面实际成本为 35 万元，市场购买价格为 30 万元，假设不发生其他购买费用；用氨纶布料生产的连衣裙的可变现净值高于成本。确定 2019 年 7 月 31 日氨纶布料价值的过程如下。

根据上述资料可知，2019 年 7 月 31 日氨纶布料的账面实际成本高于其市场价格，但是由于用其生产的产成品连衣裙的可变现净值高于其成本，也就是用该布料生产的最终产品此时并没有发生价值减损，因此，在这种情况下，即使氨纶布料账面实际成本已高于市场价格，在 2019 年 7 月 31 日仍然按 35 万元计量氨纶布料。

（2）对于用于生产而持有的材料，如果材料的下降等原因表明产成品的可变现净值低于成本，则该材料应当按可变现净值计量。

【例 4-17】2019 年 7 月 31 日，锦华制衣公司涤棉面料的账面实际成本为 11 万元，市场购买价格为 10 万元，假设不发生其他购买费用；由于涤棉价格下降，市场上用涤棉面料生产的睡衣的售价也由 29 万元下降为 26 万元，将涤棉加工成睡衣尚需投入 16 万元，估计销售费用及税费为 1 万元。因此确定 2019 年 7 月 31 日涤棉面料的价值如下。

第一步，计算用涤棉面料生产的睡衣的可变现净值。

睡衣的可变现净值=睡衣估计售价-估价销售费用及税费

$$=260\,000-10\,000=250\,000（元）$$

第二步，将用涤棉生产的睡衣可变现净值与其成本进行比较。

睡衣的可变现净值为 25 万元，低于其成本 27 万元，即涤棉价格的下降表明睡衣的可变现净值低于成本，因此涤棉应当按可变现净值计量。

第三步，计算涤棉的可变现净值，并确定其期末价值。

涤棉的可变现净值=睡衣的售价金额-将涤棉加工成睡衣尚需投入的成本-估计销售费用及税费=260 000-160 000-10 000=90 000（元）

涤棉的可变现净值 9 万元，低于其成本 11 万元，因此，2019 年 7 月 31 日涤棉的价值应为其可变现净值 9 万元。

> ☞ 提示
>
> 会计期末，在运用成本与可变现净值孰低原则对材料存货进行计量时，需要考虑材料的用途：对于用于生产而持有的材料等，则应当将其与所生产的产成品的期末价值减损情况联系起来；对于用于出售的材料等，则只需要将材料的成本与根据材料本身的估计售价确定的可变现净值相比即可。

二、存货跌价损失的账务处理

设置"存货跌价准备"账户，核算期末存货的可变现净值低于成本的金额，该账户贷方反映计提或补提的存货跌价准备；借方反映转回或结转的存货跌价准备；期末贷方余额反映期末结存存货可变现净值低于其成本的金额。

资产负债表日，存货的可变现净值低于成本，企业应当确认资产减值损失，计提存货跌价准备。期末计提或补提存货跌价准备时，借记"资产减值损失"账户，贷记"存货跌价准备"账户。

> ☞ 想一想
>
> 发生存货减值会对资产负债表和利润表产生怎样的影响？

当以前减记存货价值的因素已经消失，减记的金额应当予以恢复，并在原已计提的存货跌价准备金额内转回,即冲减的跌价准备金额,应以"存货跌价准备"账户的余额为限冲减至零。期末按照应冲减金额,借记"存货跌价准备"账户,贷记"资产减值损失"账户。

> ☞ 提示
>
> 　　企业应在每一会计期末,比较成本与可变现净值并计算出应计提的存货跌价准备,再与已提数进行比较。若应提数大于已提数,则应予补提;反之,则应将已提数大于应提数之间的差额冲销已提数。

【例 4-18】 晋华公司从 2016 年开始采用成本与可变现净值孰低法对存货进行期末计价。有关羊绒纱商品的各年资料如表 4-2 所示。

表 4-2　存货（羊绒纱）年末计价表

单位:元

年份 项目	2016 年年末	2017 年年末	2018 年年末	2019 年年末
账面实际成本	31 000	37 000	23 000	35 000
可变现净值	26 000	29 000	21 000	37 000
存货跌价准备	5 000	8 000	2 000	0

审核:×××　　　　　　　　　　　　　　　　　　　　　　　　制单:×××

晋华公司每年年末根据存货（羊绒纱）跌价准备计算表,编制会计分录如下。

2016 年年末计提羊绒纱商品的存货跌价准备 = 31 000 − 26 000 = 5 000（元）

　借:资产减值损失——存货　　　　　　　　　　　　　　　　　　5 000
　　　贷:存货跌价准备——羊绒纱　　　　　　　　　　　　　　　　　　5 000

2017 年年末补提羊绒纱商品的存货跌价准备 = 37 000 − 29 000 − 5 000
　　　　　　　　　　　　　　　　　　　　　= 3 000（元）

　借:资产减值损失——存货　　　　　　　　　　　　　　　　　　3 000
　　　贷:存货跌价准备——羊绒纱　　　　　　　　　　　　　　　　　　3 000

2018 年年末转回已计提的羊绒纱商品的存货跌价准备 =（5 000 + 3 000）−（23 000 − 21 000）= 6 000（元）

　借:存货跌价准备——羊绒纱　　　　　　　　　　　　　　　　　　6 000
　　　贷:资产减值损失——存货　　　　　　　　　　　　　　　　　　6 000

2019 年年末转回已不存在跌价的羊绒纱商品的存货跌价准备 =（5 000 + 3 000）− 6 000 = 2 000（元）

借：存货跌价准备——羊绒纱 2 000
　　贷：资产减值损失——存货 2 000

知识拓展

《小企业会计准则》规定，存货年末按历史成本进行计量，不计提减值准备。按照实际发生存货损失直接计入当期损益，发生的存货毁损，按照处置收入、可收回责任人赔偿和保险赔款，扣除其成本及相关税费后的净额，计入营业外收入或者营业外支出。

项目五

核算商品流通企业其他业务

⫽ 知识目标

- 了解商品流通企业其他业务的类型。
- 掌握委托加工业务的核算。
- 掌握代销业务的核算。
- 掌握出租商品的核算。
- 掌握包装物的核算。

⫽ 技能目标

- 能填制委托加工商品发料单、委托代销清单等原始凭证。
- 能根据商品流通企业取得的相关原始凭证核算商品流通企业其他业务。
- 能根据包装物的类型判断核算方法。

⫽ 素质目标

- 培养学生具有高尚的职业道德，形成正确的价值理念，做到诚实守信、爱岗敬业、团结协作，树立良好的道德情操，提升职业道德素养。
- 培养主人翁意识和责任感。员工是企业的主人，每一位财务工作者都应当视企业为家，自觉地与企业同呼吸、共命运，爱岗敬业，秉持精益求精的精神，管好企业财产物资。

知识导图

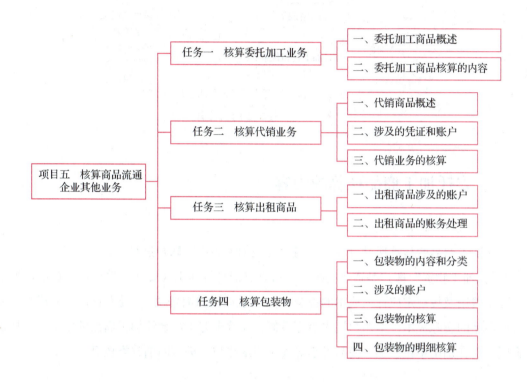

任务一　核算委托加工业务

引导案例

小张所在的公司委托外单位加工商品，小张认为发出的商品属于本公司，因此将这些委托加工商品继续使用"库存商品"来核算，将加工费用直接计入当期损益。

想一想：小张的想法都正确吗？委托加工业务应该怎样进行核算？

一、委托加工商品概述

委托加工商品业务是指企业将库存商品委托外单位进行加工改造，改变其原有形态或性能的一种经营活动。

委托加工商品业务主要包括发出加工的库存商品、支付加工费用和税金、收回加工完毕的商品3个环节。委托加工的流程图如图5-1所示。

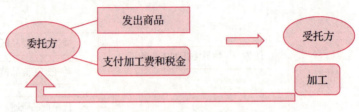

图 5-1 委托加工的流程图

二、委托加工商品核算的内容

（一）账户设置

委托加工商品的核算通过设置并运用"委托加工物资"账户进行。

"委托加工物资"账户是资产类账户，借方登记自行加工或委托外单位加工商品的原进价、加工费用及按规定应计入成本的税金（如准予抵扣的消费税），贷方登记已完成加工验收入库商品的实际成本。本账户期末借方余额，反映未完工需继续加工商品的成本。应按加工合同、受托加工单位、加工商品类别等设置明细账户，进行明细分类核算。

1. 发出委托加工商品的核算

企业业务部门根据合同规定将库存商品拨付给加工单位前，应填制一式数联的"委托加工商品发料单"，如图5-2所示。财会部门根据审核无误的"委托加工商品发料单"，借记"委托加工物资"账户，贷记"库存商品"账户。按售价核算的，还应同时结转商品进销差价。

年　月　日　　　　　　　　　　　　　　　　　　　　　单号

承制单位		合同号				加工后制成成品		品名	单位	数量
交货日期		加工用途								
会计科目	成品类别	品名	规格	单位	数量	计划价格		差异率	实际价格	
						单价	总价			

发料主管　　　　　　记账　　　　　　发料　　　　　　收料

图 5-2 委托加工商品发料单

企业在发出委托加工商品时如果支付运费，则应借记"委托加工物资""应交税费——应交增值税（进项税额）"账户，贷记"银行存款"或"库存现金"账户。

2. 支付加工费用的核算

企业应该根据合同的规定，支付给受托加工企业加工费用，并且缴纳增值税。发生的加工费和缴纳的增值税额按照实际发生数额借记"委托加工物资""应交税费——应交增值税（进项税额）"账户，贷记"银行存款"账户。

3. 加工完成收回委托加工商品的核算

企业收回委托加工商品时，应由业务部门填制一式数联的"委托加工商品收货单"。财会部门根据审核无误的"委托加工商品收货单"，按收回委托加工成品的全部成本，借记"库存商品"账户，贷记"委托加工物资"账户。

【例 5-1】晋运公司与时尚服装加工厂签订加工合同，委托将库存棉布 3 000 米加工成衬衫 2 000 件，棉布单价为 30 元/米。以银行存款支付加工费用 40 000 元，增值税税额为 5 200 元。加工完成，收回衬衫 2 000 件，已验收入库。

（1）发出委托加工商品时：

根据委托加工商品发料单，编制会计分录如下。

借：委托加工物资——衬衫　　　　　　　　　　　90 000
　　贷：库存商品——棉布　　　　　　　　　　　　　90 000

（2）支付加工费用时：

根据受托加工单位开具的增值税专用发票，编制会计分录如下。

借：委托加工商品——衬衫　　　　　　　　　　　40 000
　　应交税费——应交增值税（进项税额）　　　　　5 200
　　贷：银行存款　　　　　　　　　　　　　　　　　45 200

（3）加工完成收回委托加工商品时：

根据委托加工商品收货单，编制会计分录如下。

借：库存商品——衬衫　　　　　　　　　　　　　130 000
　　贷：委托加工物资——衬衫　　　　　　　　　　　130 000

> **提示**
>
> 采取售价核算的企业，按售价借记"库存商品"账户，按委托加工商品的进价贷记"委托加工物资"账户，按商品售价与进价的差异，贷记"商品进销差价"账户。

> **知识拓展**
>
> 需要交纳消费税的委托加工物资，若收回后直接用于销售，则应将受托方代收代缴的消费税计入委托加工物资成本，借记"委托加工物资"账户，贷记"应付账款""银行存款"等账户；若收回后用于连续生产，按规定准予抵扣的，则由委托方代交的消费税应借记"应交税费——应交消费税"账户，贷记"应付账款""银行存款"等账户。

任务二　核算代销业务

引导案例

甲公司委托乙公司销售商品，委托方式有两种：一种是甲公司按协议价收取委托代销商品的货款，实际售价可由乙公司自定，实际售价与协议价之间的差额归乙公司所有；另外一种是甲公司根据合同或协议约定向乙公司计算支付代销手续费，乙公司按照合同或协议规定的价格销售代销商品。

想一想：这两种代销方式一样吗？甲公司和乙公司分别应该怎样进行账务处理？

一、代销商品概述

委托代销是商品流通企业的一种销售方式，是企业为扩大商品销售，委托其他单位或个人代其销售商品。

> **知识链接**
>
> 代销商品涉及委托方和受托方两个单位，企业委托其他单位代为销售商品称为委托代销，企业接受其他单位委托销售商品称为受托代销。开展委托代销商品业务，委托和受托双方必须签订代销合同或协议，规定代销商品的品种、销售价格、代销手续费标准、结算时间和方式等条款。

企业应当根据其在向客户转让商品前是否拥有对该商品的控制权来判断其从事交易时的身份是主要责任人还是代理人。企业向客户转让商品前能够控制该商品的，该企业为主要责任人，应当按照已收或应收对价总额确认收入；否则该企业为代理人，应当按照预期有权收取的佣金或手续费的金额确认收入，该金额应当按照已收或应收对价总额扣除应支付给其他相关方的价款后的净额，或者按照既定的佣金金额或比例等确认收入。也就是说，主要责任人采用总额确认收入，代理人销售采用净额确认收入，如图5-3所示。

图5-3　商品交易的方式

二、涉及的凭证和账户

1. 涉及的主要原始凭证

（1）代销商品清单，如图 5-4 所示。

发货方：　　　　　　　　收货方：　　　　　　　　　　　收货时间：

联系电话：　　　　　　　联系电话：　　　　　　　　　　收货地址：

序号	品名	品牌	种类	规格	登记	质量标准	包装要求	生产厂厂名	单位	数量	单价	合计
1												
2												
3												
4												
金额总计（大写人民币）：						¥						

注：本代销商品清单作为甲乙双方所签订的《商品代销合同》的附件，受该合同条款的约束。作为甲方收货的唯一货品清单凭证，一经双方盖章确认，不得更改。

发货人（签名）：　　　　　　　　收货人（签名）：

图 5-4　代销商品清单

（2）委托代销商品成本计算单。

2. 涉及的主要账户

（1）"发出商品"账户：属于资产类账户，核算企业未满足收入确认条件但已发出商品的实际成本（或进价）或计划成本（或售价）。

（2）"受托代销商品"账户：属于资产类账户，核算企业接受其他单位委托代销的商品成本。借方登记收到受托代销的商品成本（分进价或售价核算），贷方登记售出的应转出的代销商品成本。本账户借方余额，反映企业受托代销的未售出或未结算的商品成本。本账户应按委托方设置明细账户，进行明细核算。

（3）"受托代销商品款"账户：属于负债类账户，核算企业接收代销商品的价款。贷方登记收到委托代销商品时的接收款，借方登记代销商品售出与委托单位结算后结清本账户的减少数。账户期末贷方余额，为企业尚未销售或结算的接受代销商品的价款。应按委托方设置明细账户，进行明细核算。

代销业务涉及的账户如图 5-5 所示。

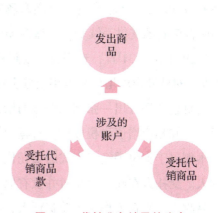

图 5-5　代销业务涉及的账户

三、代销业务的核算

委托代销安排。这一安排是指委托方和受托方签订代销合同或协议,委托受托方向终端客户销售商品。企业对于评估受托方没有获得对该商品控制权的,不应在向受托方发货时确认销售商品的收入,而应当在受托方售出商品时确认销售商品收入;受托方应当在商品销售后,按合同或协议约定的方法计算确定手续费并确认收入。如果企业评估受托方获得对该商品控制权的,企业应当按销售商品进行会计处理,这种安排不属于委托代销安排。

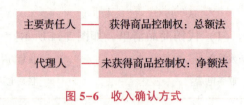

图 5-6 收入确认方式

1. 主要责任人方式

表 5-1 主要责任人账务处理

收入确认方式	业务	账务处理要点
主要责任人,应当按照已收或应收对价总额确认收入。	①发出商品时	借:委托代销商品 　贷:库存商品
	②收到代销清单时	借:应收账款(银行存款) 　　销售费用(代销费用) 　　应交税费——应交增值税(进项税额) 　贷:主营业务收入 　　　应交税费——应交增值税(销项税额) 借:主营业务成本 　贷:委托代销商品
	③收到代销商品款时	借:银行存款 　贷:应收账款

【例 5-2】2020 年 5 月 1 日,晋华公司委托百盛商场销售甲商品 1 000 件,商品已发出,成本每件 50 元。协议约定,百盛商场按每件 100 元对外出售,晋华公司按不含税价格的 10% 向百盛商场支付手续费,百盛商场可将未能售出的代销商品退还给晋华公司。

2020 年 5 月 31 日,晋华公司收到百盛商场开出的代销清单,百盛商场实际售出甲商品 100 件,对外开出的增值税专用发票上注明的增值税税额为 1 300 元,货款已收。当日晋华公司向百盛商场开出一张相同金额的增值税专用发票,双方进行了货款的结算,扣除 1 000 元手续费和相应增值税税额后,百盛商场支付了晋华公司货款 10 240 元。

本例属于支付手续费方式的委托代销商品,根据协议,委托方是主要责任人,受托方是代理人。受托方在收到商品时并没有取得商品控制权,因此委托方在发出商品时不应确认销售商品收入。委托方作为主要责任人,应在收到受托方开出的代销清单时按总价确认销售商品收入，同时反映增值税销项税额。受托方是代理人，按协议约定应收取的手续费确认收入。

（1）晋华公司的账务处理如下：

①2020 年 5 月 1 日将甲商品交付百盛商场时，根据产品出库单编制会计分录如下：

借：委托代销商品——甲商品（百盛商场） 50 000
　　贷：库存商品——甲商品 50 000

②2020 年 5 月 31 日，根据代销合同、收到的代销清单、手续费计算单编制会计分录如下：

借：应收账款 10 240
　　销售费用 1 000
　　应交税费——应交增值税（进项税额） 60
　　贷：主营业务收入 10 000
　　　　应交税费——应交增值税（销项税额） 1 300

同时结转已销代销商品的成本：

借：主营业务成本 5 000
　　贷：委托代销商品——甲商品（百盛商场） 5 000

③收到代销商品款时，根据银行进账单编制会计分录如下：

借：银行存款 10 240
　　贷：应收账款 10 240

2. 代理人方式

表 5-2 代理人账务处理

收入确认方式	业务	账务处理要点
代理人，应当按照已收或应收对价总额扣除支付给其他相关方的价款后的净额，或者按照既定的佣金金额或比例等确认收入。	①收到受托代销商品时	借：受托代销商品 　　贷：受托代销商品款
	②实际销售商品后	借：银行存款 　　贷：受托代销商品 　　　　应交税费——应交增值税（销项税额）
	③收到主要责任人开具的增值税专用发票时	借：受托代销商品款 　　应交税费——应交增值税（进项税额） 　　贷：应付账款
	④支付代销商品款并确认代销手续费收入	借：应付账款 　　贷：银行存款 　　　　其他业务收入 　　　　应交税费——应交增值税（销项税额）

项目五 核算商品流通企业其他业务

【例 5-3】 承【例 5-2】百盛商场的账务处理如下：

①收到受托代销商品，根据代销商品入库单编制会计分录如下：

借：受托代销商品——晋华公司　　　　　　　　　　　100 000
　　贷：受托代销商品款——晋华公司　　　　　　　　　　　100 000

②实际销售商品后，根据向顾客开具的增值税专用发票记账联、银行进账单编制会计分录如下：

借：银行存款　　　　　　　　　　　　　　　　　　　11 300
　　贷：受托代销商品——晋华公司　　　　　　　　　　　　10 000
　　　　应交税费——应交增值税（销项税额）　　　　　　　1 300

③百盛商场向晋华公司开具代销清单，根据晋华公司开具的增值税专用发票编制会计分录如下：

借：受托代销商品款——晋华公司　　　　　　　　　　10 000
　　应交税费——应交增值税（进项税额）　　　　　　　1 300
　　贷：应付账款——晋华公司　　　　　　　　　　　　　　11 300

④支付代销商品款并确认代销手续费收入，根据手续费计算单、银行付款凭证编制会计分录如下：

借：应付账款——晋华公司　　　　　　　　　　　　　11 300
　　贷：银行存款　　　　　　　　　　　　　　　　　　　　10 240
　　　　其他业务收入　　　　　　　　　　　　　　　　　　1 000
　　　　应交税费——应交增值税（销项税额）　　　　　　　60

☞ **想一想**

受托方一定是采用代理人的收入确认方式进行账务处理吗？

☞ **提示**

零售企业代销商品的核算要点和批发企业基本相似，但是由于零售企业是按售价核算，因此"库存商品""发出商品"和"受托代销商品"等账户均按售价核算，平时的收入和成本也按售价核算，并且在月末需分解出含税收入中的销售税额和分摊已销商品中应负担的进销差价。

任务三　核算出租商品

引导案例

> 贵都商厦销售摄像机的同时也开展了出租摄像机的业务，小王认为出租业务不是企业的主业，这样的业务偶然发生，属于营业外收入的范畴。
>
> **想一想**：小王的想法正确吗？你认为出租商品应该计入收入吗？怎样进行核算呢？

用于出租的商品是企业存货的一部分，出租过程商品流通企业只是收取一定的租金和押金，出租商品的所有权并未发生转移，暂时转移的是使用权。

一、出租商品涉及的账户

出租商品业务核算主要应通过"出租商品""库存商品""其他业务收入""其他业务成本"等账户进行核算，如图5-7所示。

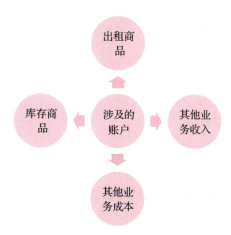

图5-7　出租商品业务涉及的账户

（1）"出租商品"账户：属于资产类账户，核算企业附带经营租赁业务而出租的商品的价值，该账户可下设两个明细账户，即"出租商品原价"和"出租商品摊销明细"账户。

（2）"其他业务收入"账户：用于核算企业除主营业务收入以外的其他销售或其他业务的收入，如材料销售、代购代销、包装物出租等收入。期末，"其他业务收入"账户余额转入"本年利润"账户，结转后，"其他业务收入"账户无余额。

（3）"其他业务成本"账户：核算企业确认的除主营业务活动以外的其他日常经营活动所发生的支出。"其他业务成本"账户按其他业务成本的种类进行明细核算。期末，"其他业务成本"账户余额转入"本年利润"账户，结转后，"其他业务成本"账户无余额。

二、出租商品的账务处理

出租商品在发出商品时，借记"出租商品"账户，贷记"库存商品"账户，如果采用售价进行核算，则需要结转商品进销差价。

收到租金时，确认收入按实际租金价税合计计入"银行存款"账户，同时按照发票上注明的价款计入"其他业务收入"账户，增值税税额计入"应交税费——应交增值税（销项税额）"。

对出租商品的价值进行摊销时，借记"其他业务成本"账户，贷记"出租商品——出租商品摊销"账户。

【例5-4】丽都商厦对外出租高档摄影机5台，每台摄影机的购进价为15 000元，售价为18 000元，每台摄影机每月的租金为1 200元，租期为两年半（30个月），该企业采用的是售价金额核算法。

根据合同和出库单编制会计分录如下。

借：出租商品	15 000
商品进销差价	3 000
贷：库存商品	18 000

每月收到租金时：

租金 = 1 200×5 = 6 000（元）

借：银行存款	6 780
贷：其他业务收入	6 000
应交税费——应交增值税（销项税额）	780

每月摊销时：

摊销价 = 15 000÷30×5 = 2 500（元）

借：其他业务成本	2 500
贷：出租商品——出租商品摊销	2 500

任务四 核算包装物

引导案例

小李所在的公司是一个商品流通企业,公司中有多种用途的包装物:有为顾客提供方便而伴随着商品一同出售,不单独向顾客收取价款的简易包装袋;有专门的礼盒包装但包装盒需要单独收取价款;有销售液体状商品免费向购买方出借的大型木桶,但需要收取一定的押金;还有向购货方出借的包装箱,收取一定的租金。面对这么多的包装物情况,小李不知要如何进行核算。

想一想:请帮助小李核算上述提到的包装物?

一、包装物的内容和分类

包装物是指为包装本企业产品或商品而储备的各种包装容器,如箱、桶、瓶、坛、袋等。包装物按照其具体用途分为5类,如图5-8所示。

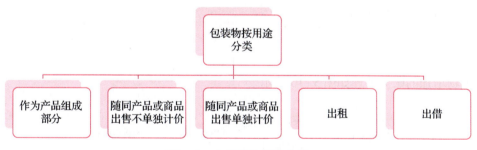

图5-8 包装物按用途分类

(1)生产过程中用于包装产品作为产品组成部分的包装物。

(2)随同产品或商品出售不单独计价的包装物。

(3)随同产品或商品出售单独计价的包装物。

(4)出租给购货单位使用的包装物。

(5)出借给购货单位使用的包装物。

> **提示**
>
> 企业的下列物品不属于包装物范围：①各种包装材料，如纸、绳、铁丝、铁皮等，因其数量零星，单位价值低，应在"原材料"账户中核算；②计划中单独列为企业商品产品的自制包装物，这类包装物是企业的产品，应在"库存商品"账户中核算。

二、涉及的账户

设置"周转材料——包装物"账户（或"包装物"账户），是资产类账户，反映和监督包装物的增减变动及其价值变化、结存等情况，借方登记包装物的增加，贷方登记包装物的减少，期末余额通常在借方，反映企业期末结存包装物的金额。账户下设置"在库""在用""摊销"等明细账，进行明细核算。

包装物涉及的账户如图 5-9 所示。

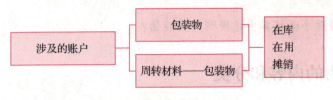

图 5-9　包装物涉及的账户

三、包装物的核算

（一）包装物的增加

包装物增加的账务处理如图 5-10 所示。

图 5-10　包装物增加的账务处理

1. 单独购进包装物

单独购进的包装物应按购进的实际成本入账，包括专用发票上注明的不含税进价和购进时发生的运杂费等，不包括购进时随同进价支付的进项税额。运杂费数额较小且不便于按品种分配的，可直接计入"销售费用"账户。

2. 随货购进包装物

随货购进又有单独计价和不单独计价两种情况。单独购进和随货购进单独计价的周转材料，其账务处理方法与商品购进相同，区别在于包装物增加时应计入"周转材料——包装物"账户。

随货购进不单独计价的周转材料，因为其价款包括在所购货物的成本中而无法分离出来，所以不涉及周转材料的账务处理。

【例5-5】晋华公司按照进价数量金额核算。本月购进周转材料包装物一批，增值税专用发票已认证：价款10 000元，增值税税额1 300元。包装物已验收入库，货款以存款支付。

晋华公司根据入库单、增值税专用发票发票联、银行付款通知单，编制会计分录如下。

借：周转材料——包装物　　　　　　　　　　　　　　　10 000
　　应交税费——应交增值税（进项税额）　　　　　　　　1 300
　　贷：银行存款　　　　　　　　　　　　　　　　　　　　　11 300

（二）包装物发出

1. 生产领用包装物

生产领用包装物若属于产品内包装，则成为产品不可分割的组成部分，这种包装物一般不单独计价，随同产品销售后也不回收。因此，生产领用的包装物构成产品成本的组成部分，应计入产品的生产成本，借记"生产成本"账户，贷记"周转材料——包装物"账户。

【例5-6】华信制衣公司2019年7月11日为生产衬衣领用包装物一批实际成本2 500元。

领用包装物时，根据出库单，编制会计分录如下。

借：生产成本——基本生产成本（衬衣）　　　　　　　　2 500
　　贷：周转材料——包装物　　　　　　　　　　　　　　　2 500

2. 随同产品出售不单独计价的包装物

随同产品出售不单独计价的包装物，因为无独立的收入与包装物成本相配比，所以一般作为包装费用计入销售费用。在包装物发出时，借记"销售费用"账户，贷记"周转材料——包装物"账户。

【例5-7】晋华公司2019年7月15日销售产品时，领用不单独计价的包装物，实际成本为3 000元。

发出包装物时，根据出库单，编制会计分录如下。

借：销售费用——包装费　　　　　　　　　　　　　　　3 000
　　贷：周转材料——包装物　　　　　　　　　　　　　　　3 000

3. 随同产品出售单独计价的包装物

随同产品出售单独计价的包装物，属于企业包装物销售业务，即其他销售业务，其取得的收入应作为其他业务收入，其成本应相应地作为其他业务成本。

【例5-8】晋华公司2019年7月20日销售产品时，随同产品出售单独计价的包装物一批，其售价5 000元，增值税税额650元，成本4 000元，已通过银行收讫。

(1) 出售包装物，收到价款时，根据增值税专用发票记账联、银行收款通知单，编制会计分录如下。

借：银行存款　　　　　　　　　　　　　　　　　　　　　　　　　　5 650
　　贷：其他业务收入——周转材料（包装物）　　　　　　　　　　　5 000
　　　　应交税费——应交增值税（销项税额）　　　　　　　　　　　　650

(2) 发出包装物，根据出库单，编制会计分录如下。

借：其他业务成本——周转材料（包装物）　　　　　　　　　　　　　4 000
　　贷：周转材料—包装物　　　　　　　　　　　　　　　　　　　　4 000

4. 包装物摊销

包装物摊销是指包装物在使用过程中因逐渐磨损和自然损耗而价值减少，将这部分减少的价值摊入企业的有关费用，从而在收入中得到补偿。

包装物摊销可采用"一次摊销法"和"分次摊销法"。

(1) 一次摊销法。一次摊销法是指在领用包装物时，将其全部价值，一次计入有关成本费用的方法。这种方法适用于包装物一次领用数额较少，价值不高，使用期限不长。

企业采用一次摊销法摊销包装物价值的，领用时，按其具体用途将其全部价值转入有关的成本费用，借记"销售费用""其他业务成本"等账户，贷记"周转材料——包装物"账户。

【例5-9】艾华公司是一商品流通企业。其销售部门7月份领用一次性消耗的塑料包装盒一批，采用一次摊销法，总计3 500元。

根据出库单，编制会计分录如下。

借：销售费用　　　　　　　　　　　　　　　　　　　　　　　　　　3 500
　　贷：周转材料—缝制工具　　　　　　　　　　　　　　　　　　　3 500

(2) 分次摊销法。分次摊销法是指在领用包装物时按照使用次数分次计入成本费用的一种摊销方法。这种方法适用于一次领用包装物数量较多、价值较大的情况。包装物在采分次摊销法核算时，应设置"在库""在用""摊销"3个明细账户进行核算。

知识拓展

五五摊销法是指在包装物领用时摊销其价值的一半,在报废时再摊销其价值的另一半并注销其总成本的一种摊销方法。

【例 5-10】凯华公司 8 月份销售部门领用玻璃容器一批,实际成本 8 000 元,预计使用 10 次报废,采用分次摊销法核算。编制会计分录如下。

(1) 每次领用时:

根据出库单,编制会计分录如下。

借:包装物——在用　　　　　　　　　　　　　　　　8 000
　　贷:包装物——在库　　　　　　　　　　　　　　　　　8 000

同时摊销包装物成本 800 元（8000/10）:

根据包装物摊销表,编制会计分录如下。

借:销售费用　　　　　　　　　　　　　　　　　　　800
　　贷:包装物——摊销　　　　　　　　　　　　　　　　　800

(2) 若上述包装物第 10 次领用后报废,无残料,将剩余 800 元成本摊销:

根据存货报废单,编制会计分录如下。

借:销售费用　　　　　　　　　　　　　　　　　　　800
　　贷:包装物——摊销　　　　　　　　　　　　　　　　　800

同时

借:包装物——摊销　　　　　　　　　　　　　　　　8 000
　　贷:包装物——在用　　　　　　　　　　　　　　　　　8 000

5. 出租、出借包装物

企业之间因业务需要,有时要发生相互租用、借用包装物的业务。出租、出借的包装物在周转使用过程中因磨损而减少的价值一般采用一次摊销法,也可以根据具体情况采用分次摊销法进行摊销。对于收回已使用过的出租、出借包装物,应加强实物管理,并在备查账簿中进行登记。

出租的包装物是指本企业包装物出租给外单位使用的经济业务。发生出租业务时,应签订租用合同,明确租用包装物的品名、数量、押金、租金等。企业应向使用单位收取一定数额的租金,租金确认为企业的其他业务收入,相应的包装物的成本计入"其他业务成本"账户。

【例 5-11】 晋华公司销售商品给世贸商场时，随货出租新包装物一批，租金为 2 000 元（含税），该包装物实际成本为 2 000 元。当即收到现金押金 4 000 元，使用期满后，租入方退还包装物，租金从押金中扣除。该包装物采用一次摊销法进行摊销。

（1）出租包装物收到押金，根据收款收据（收款方凭证），编制会计分录如下。

  借：库存现金   4 000
    贷：其他应付款——世贸商场   4 000

（2）出租的新包装物领用时，根据出库单，编制会计分录如下。

  借：其他业务成本   2 000
    贷：周转材料——包装物   2 000

（3）收回包装物，扣除租金后退还押金。根据增值税专用发票记账联、收据（付款方凭证），编制会计分录如下。

  借：其他应收款——世贸商场   4 000
    贷：其他业务收入   1 769.9
      应交税费——应交增值税（销项税额）   230.1
      库存现金   2 000

出借的包装物，不向借用的单位收取费用，可以收取一定的押金，企业收回包装物时，应全额退还押金。对于逾期不归还包装物的，应没收其包装物的押金，作为"其他业务收入"处理，按规定缴纳增值税。由于不收取租金，因此领用的包装物的成本计入"销售费用"账户。

> **☞ 知识链接**
>
> 《小企业会计准则》规定，出租、出借周转材料不需要其结转成本，但应当进行备查登记。收到租金时计入营业外收入。如果需要结转出租或出借包装物的成本时，则计入营业外支出。

6. 包装物的报废

自用或出租出借的包装物，将包装物的摊余价值减去残料价值后的差额，计入"销售费用"，残料收入计入"原材料"，同时，冲销包装物的实际成本和摊销额。

> **☞ 提示**
>
> 包装物因损耗不能再继续使用时，应按规定申请报废。报废时，由使用部门填制"包装物报废单"，详细注明报废包装物的品名、规格、数量、已使用的时间、预计残值以及报废的原因等。经批准后，根据有关凭证进行账务处理。

四、包装物的明细核算

包装物的明细账一般采取数量金额式账页,按包装物的类别、名称、规格分户,核算各种包装物的数量、金额增减变化。此外,使用、保管包装物的部门也应建立保管账,进行数量核算。财会部门与使用、保管部门定期核对账目,保证包装物的账账相符,并定期进行盘点,保证包装物的账实相符。

项目六

核算商品流通企业的费用、税金和利润

知识目标

- 熟悉商品流通企业销售费用、管理费用和财务费用 3 种期间费用的核算内容及明细账户的设置。
- 掌握商品流通企业费用的账务处理。
- 熟悉商品流通企业的主要税种。
- 掌握增值税、消费税、城市维护建设税及教育费附加的核算。
- 了解利润的来源与类型。
- 掌握利润的结转。

技能目标

- 能正确认识并填开各种费用发票和增值税专用发票和普通发票。
- 能根据各类费用发票做出相应的账务处理。
- 能根据损益情况进行利润的结转。

素质目标

- 培养静以修身、俭以养德的品质，树立量入为出的观念。传承中华优秀文化，勤俭节约，开源节流，严控费用，在全社会弘扬勤俭节约精神，培育时代新风貌。
- 求真务实、坚持原则。培养学生诚信为本，实事求是，客观公正的职业素养，遵循企

任务一 核算费用

业会计准则,合理确定费用,正确计算损益,为企业提供可靠、相关的会计信息。

知识导图

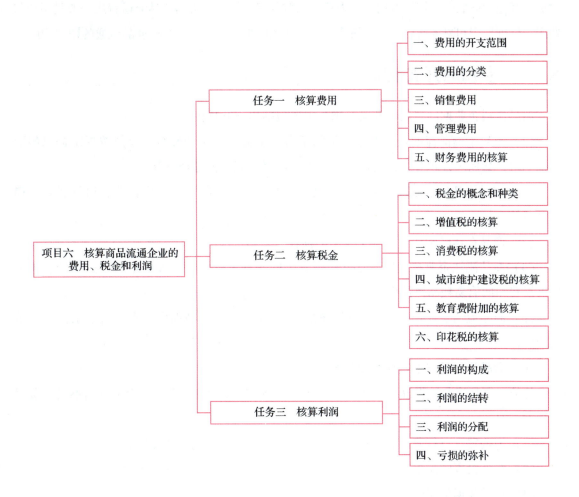

任务一 核算费用

引导案例

晋华公司的经营过程中,会发生很多的费用支出:有支付给职工的工资与福利、支付给运输企业的运输费、支付给银行的利息、支付给广告公司的广告费、支付给税务局的税收滞纳金。

想一想:如此多的费用支出,都是企业的什么费用,要怎样进行账务处理呢?

商品流通企业的费用是指商品流通企业在经营过程中所必须耗费的物化劳动和活劳动的货币表现。

商品流通企业的费用有广义和狭义之分，广义的商品流通费用包括主营业务成本、税金及附加、其他业务成本、销售费用、管理费用和财务费用等；狭义的商品流通费用一般是指销售费用、管理费用和财务费用3项期间费用。本任务所指即为狭义的3项商品流通的期间费用。

一、费用的开支范围

商品流通企业期间费用的开支范围，主要包括以下几项内容。

（1）支付给商品流通企业工作人员的工资、工资性津贴和奖金，以及按规定提取的职工福利费，如住房公积金、社会保险费、工会经费和职工教育经费等。

（2）支付给其他单位或个人的劳务报酬，如运杂费、邮电费、广告费、租赁费和法律诉讼费等。

（3）商品在运输和保管过程中发生的损耗。

（4）商品流通企业在业务经营过程中发生的各种物资消耗，如固定资产折旧费、包装物折损费和低值易耗品摊销费等。

（5）商品流通企业在经营期间发生的利息净支出、汇兑净损失、支付给金融机构的手续费。

（6）商品流通过程中其他必要的开支。

凡是与商品流通过程没有直接关系的支出，都不能作为费用开支。以下支出不属于费用的开支范围。

（1）为购置、自行研制、建造固定资产、无形资产和其他资产发生的支出。

（2）对外投资的支出。

（3）赞助和捐赠支出。

（4）支付的赔偿金、违约金、罚款和滞纳金等。

（5）被罚没的财产物资、与商品流通企业经营无直接关系的各项支出等。例如，固定资产盘亏、固定资产损失、非常损失等。

（6）其他不得列入成本费用的支出。

二、费用的分类

期间费用是指企业日常活动发生的不能计入特定核算对象的成本，而应计入发生当期损益的费用。由于当期的期间费用是全额从当期损益中扣除的，因此其发生额不会影响下一个会计期间。

根据期间费用在商品流通企业中所起的作用不同,将其分为销售费用、管理费用和财务费用3类,如图6-1所示。

图6-1 期间费用分类

三、销售费用

(一) 销售费用的内容

销售费用是指企业在销售商品、提供劳务的过程中发生的各项费用,以及为销售本企业商品而专设的销售机构(含销售网点、售后服务网点等)的经营费用。销售费用一般包括以下3个方面的内容。

1. 产品自销费用

产品自销费用包括应由本企业负担的保险费、包装费、运输费、装卸费。

2. 产品促销费用

为了扩大本企业商品的销售而发生的促销费用包括展览费、广告费、经营租赁费(为扩大销售而租用的柜台、设备等的费用)、销售服务费用(提供预计产品质量保证损失、商品维修等售后服务及其他类似项目的费用)。

3. 销售部门的费用

销售部门的费用一般是指为销售本企业商品而专设的销售机构的职工薪酬、业务费、折旧费等经营费用。

(二) 销售费用的账务处理

设置"销售费用"账户,核算销售费用的发生和结转情况。该账户借方登记企业发生的各项销售费用,贷方登记企业转入"本年利润"账户的销售费用,结转后该账户无余额。销售费用应按费用项目进行明细核算。

企业在销售过程中发生的保险费、包装费、运输费、装卸费及独立销售机构人员的薪酬等费用,借记"销售费用"账户,贷记"应付职工薪酬""银行存款""累计折旧"等账户。

【例6-1】 晋华公司2019年6月以银行存款支付产品广告费5万元、展览费1万元,另按6%支付增值税税额3 600元。

根据增值税专用发票发票联、银行付款通知,编制会计分录如下:

借：销售费用——广告费		50 000
——展览费		10 000
应交税费——应交增值税（进项税额）		3 600
贷：银行存款		63 600

> ☞ 知识链接
>
> 《中华人民共和国所得税法实施条例》第四十四条规定，企业每一年度发生的符合条件的广告费、业务宣传费，一般不超过当年销售（营业）收入15%的部分，准予扣除；超过部分准予在以后年度结转扣除。

四、管理费用

（一）管理费用的内容

管理费用是指企业为组织和管理生产经营活动而发生的各种费用。它包括企业的董事会和行政管理部门在企业的经营管理中发生的，或者应当由企业统一负担的各项费用，具体内容如下：

1. 企业行政管理部门方面的费用

（1）公司经费：指直接在企业行政管理部门发生的行政管理部门职工薪酬、差旅费、办公费、业务招待费、折旧费、修理费、物料消耗、低值易耗品摊销及其他公司经费。

（2）工会经费：指按管理人员工资总额（扣除按规定标准发放的住房补贴）的一定比例计提并拨交给工会使用的经费。按管理人员工资总额计提的工会经费，只是工会经费的一部分，该部分工会经费在计提时，应计入管理费用。

2. 用于企业直接管理之外的费用

（1）董事会费：指企业董事会或最高权力机构及其成员为执行职能而发生的各项费用。这包括成员津贴、差旅费、会议费等。

（2）聘请中介机构费：指企业聘请会计师事务所进行查账、验资、资产评估等发生的费用。

（3）咨询费（含顾问费）：指企业向咨询机构进行科技、经营咨询支付的费用。例如，聘请经济技术顾问、法律顾问等支付的费用。

（4）诉讼费：指企业因起诉或应诉而发生的各项费用。

3. 提供生产技术条件的费用

（1）排污费：指企业按规定缴纳的排污费用。

（2）绿化费：指企业区域内零星绿化费。

（3）技术转让费：指企业使用非专利技术而支付的费用。

（4）不符合资本化条件的研究与开发费：指企业研究开发新产品、新技术、新工艺而发生的新产品设计费、工艺规程制定费、设备调试费、原材料和新产品的试验费、技术图书资料费、未纳入国家计划的中间试验费、研究人员工资、研究设备的折旧，以及与新产品试制、技术研究有关的其他经费、委托其他单位进行科研试制的费用、试制失败损失等。

（5）无形资产摊销费。

（6）长期待摊费用的摊销：指企业对分摊期限在一年以上的各项费用在费用项目的受益期限内分期平均摊销。例如，在租赁期限与租赁资产尚可使用年限两者孰短的期限内平均摊销的租入固定资产改良支出及其他长期待摊费用的摊销。

（7）企业与固定资产有关的后续支出：包括固定资产发生的日常修理费、大修理费、更新改造支出、房屋的装修费用等，没有满足固定资产准则规定的固定资产确认条件的，也应计入管理费用。

> ☞ 提示
>
> 企业应当根据《企业会计准则第1号——存货》（财会〔2006〕3号）、《企业会计准则第4号——固定资产》（财会〔2006〕3号）等有关规定进行会计处理。因此，不符合固定资产资本化后续支出条件的固定资产日常修理费用，在发生时应当按照受益对象计入当期损益或计入相关资产的成本。与存货的生产和加工相关的固定资产日常修理费用按照存货成本确定原则进行处理，行政管理部门、企业专设的销售机构等发生的固定资产日常修理费用按照功能分类计入管理费用或销售费用。

（二）管理费用的账务处理

设置"管理费用"账户，核算管理费用发生及结转情况。该账户借方登记发生的各项管理费用；贷方登记期末转入"本年利润"账户的管理费用，结转后该账户无余额。管理费用按费用项目设置明细账户进行明细核算。

1. 企业筹建期间内发生的开办费

开办费是指企业在企业批准筹建之日起，到开始生产、经营（包括试生产、试营业）之日止的期间（即筹建期间）发生的费用支出。这包括筹建期人员工资、办公费、培训费、差旅费、印刷费、注册登记费，以及不计入固定资产和无形资产购建成本的汇兑损益和利息支出。筹建期是指企业被批准筹建之日起至开始生产、经营（包括试生产、试营业）之日的期间。

发生开办费时，借记"管理费用"账户，贷记"库存现金""银行存款"等账户。

项目六 核算商品流通企业的费用、税金和利润

☞ 知识链接

　　税法中对开办费的处理方法是：可以在开始经营之日当年一次性扣除，也可以按照长期待摊费用的规定处理，但一经选定，不得改变。

2. 行政管理部门的日常支出

（1）行政管理人员的职工薪酬，借记"管理费用"账户，贷记"应付职工薪酬"。

（2）行政管理部门发生办公费、修理费、水电费、业务招待费、聘请中介机构费、咨询费、诉讼费、技术转让费、研究费用时，借记"管理费用"账户，贷记"银行存款""研发支出"等账户。

☞ 知识链接

　　《中华人民共和国所得税法实施条例》第四十三条规定，企业发生的与生产经营有关的业务招待费支出，按照发生额的60%扣除，但最高不得超过当年销售（营业）额的5‰。

（3）行政管理部门计提的固定资产折旧，借记"管理费用"账户，贷记"累计折旧"账户。

【例6-2】晋华公司2019年6月发生如下有关管理费用的业务。

（1）6月5日，聘请法律顾问，以现金支付咨询费530元。其中进项税额为30元（500×6%）。根据增值税专用发票、现金收据（贷方凭证），编制会计分录如下。

　　借：管理费用　　　　　　　　　　　　　　　　　　　　　　500
　　　　应交税费——应交增值税（进项税额）　　　　　　　　　 30
　　　　贷：库存现金　　　　　　　　　　　　　　　　　　　　　　530

（2）6月10日，以现金支付业务招待费500元。根据餐饮业发票、现金收据（贷方凭证），编制会计分录如下。

　　借：管理费用　　　　　　　　　　　　　　　　　　　　　　500
　　　　贷：库存现金　　　　　　　　　　　　　　　　　　　　　　500

☞ 提示

　　企业支付的咨询费，如果取得了增值税专用发票，就产生了可抵扣的进项税额，但并非所有为接受劳务发生的支出都可以抵扣进项税额，如取得餐饮业发票发生的支出，就不允许抵扣进项税额。

五、财务费用的核算

(一) 财务费用的内容

财务费用是指企业为筹集生产经营资金而发生的费用,包括利息净支出(减利息收入后的支出)、汇兑净损失(减汇兑收益后的损失)、金融机构手续费、现金折扣及其他财务费用。具体项目内容如下。

1. 利息净支出

利息净支出是指企业短期借款利息、长期借款利息、票据贴现利息、应付债券利息、长期应付引进国外设备款利息等利息支出(除资本化的利息外)减去银行存款等的利息收入后的净额。

2. 汇兑净损失

汇兑损失是指企业因向银行结售或购入外汇而产生的银行买入、卖出价与记账所采用的汇率之间的差额,以及月度(季度、年度)终了,各种外币账户外币期末余额按照期末汇率折合的人民币与原账面人民币之间的差额等。

3. 金融机构手续费

金融机构手续费是指发行债券所需支付的手续费(需资本化的手续费除外)、开出汇票的银行手续费、调剂外汇手续费等,但不包括发行股票所支付的手续费等。

4. 现金折扣

现金折扣包括企业发生的现金折扣或收到的现金折扣。

5. 其他财务费用

其他财务费用,如融资租入固定资产发生的融资租赁费等。

> ☞ 提示
> 应当资本化的借款费用,要计入相应资产的价值中,不能计入财务费用。

(二) 财务费用的账务处理

设置"财务费用"账户,核算财务费用的发生和结转情况。该账户借方登记发生的各项财务费用;贷方登记期末转入"本年利润"账户的财务费用,结转后该账户无余额。财务费用按费用项目设置明细账户。

企业发生的各项财务费应借记"财务费用"账户,贷记"银行存款""应付利息"等账户;企业发生利息收入、汇兑收益时,借记"银行存款"等账户,贷记"财务费用"账户。月终,"财务费用"账户的余额结转到"本年利润"账户。

为构建或生产满足资本化条件的资产而发生的应予资本化的借款费用,计入"在建工程"等账户,不在该账户核算。

【例6-3】晋华公司2019年6月份接到银行转来的结息通知,一季度借款扣利息5 000

元，银行存款得利息 1 000 元。

（1）根据银行结息单据、银行计收利息清单（支款通知），编制会计分录如下。

借：财务费用——利息支出　　　　　　　　　　　　　　　　　　5 000
　　贷：银行存款　　　　　　　　　　　　　　　　　　　　　　　　5 000

（2）根据银行结息单据、银行计收利息清单（收款通知），编制会计分录如下。

借：银行存款　　　　　　　　　　　　　　　　　　　　　　　　1 000
　　贷：财务费用——利息收入　　　　　　　　　　　　　　　　　　1 000

☞ **提示**

企业向银行支付的利息，不允许抵扣进项税额。

知识拓展

费用和损失的区别与联系：费用和损失的发生虽然都会减少企业的所有者权益总额，但损失不等于费用。费用与损失的联系和区别如表 6-1 所示。

表 6-1　费用与损失的联系和区别

对比项目	相同点	不同点	
		来源	核算账户
费用	减少所有者权益	日常活动（经常性的）	销售费用、管理费用、财务费用等
损失	减少所有者权益	非日常活动（非经常性的）	营业外支出、资本公积——其他资本公积、其他综合收益

任务二　核算税金

引导案例

晋华公司主要缴纳的税种有增值税、消费税、城市维护建设税、教育费附加、印花税、企业所得税和为职工扣代缴的个人所得税。小王认为增值税和消费税都是只要销售商品就要缴纳，城市维护建设税和教育费附加不一定要缴纳，印花税是使用会计账簿需要缴纳的税费。

想一想：小王的说法正确吗？这些税费在什么时候需要缴纳？缴纳的金额如何计量，具体的账务处理如何进行？

一、税金的概念和种类

(一) 税金的概念

税金是指国家根据税法规定的税率向企业和个人征收的税款，是国家财政收入的一个重要组成部分。

(二) 税金的种类

根据我国现行税法的规定，商品流通企业涉及缴纳的税种主要有三大类：流转税、所得税、财产行为税，如图6-2所示。

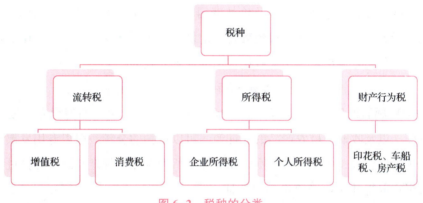

图6-2　税种的分类

二、增值税的核算

(一) 纳税人及应纳税额的计算

增值税是指对我国境内销售货物、进口货物，或者提供加工、修理修配劳务，以及销售服务、无形资产或不动产的增值额征收的一种流转税。它是我国流转税中的一个主要税种。

按照纳税人的经营规模及会计核算的健全程度，增值税的纳税人分为一般纳税人和小规模纳税人两类，与此相应的增值税的计算与会计核算也不相同，如图6-3所示。

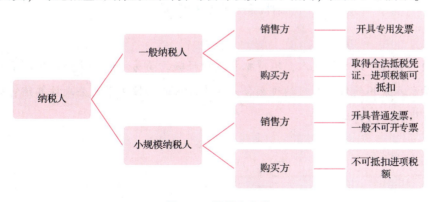

图6-3　纳税人分类

增值税的计税方法包括一般计税方法和简易计税方法。一般纳税人发生应税行为适用一般计税方法计税；一般纳税人发生财政部和国家税务总局规定的特定应税行为，可以选择适用简易计税方法计税，但一经确定，36个月内不得变更。小规模纳税人发生应税行为适用于简易计税方法计税。

1. 一般计税方法应纳税额的计算

一般计税方法应纳税额的计算公式为：

$$应纳税额 = 当期销项税额 - 当期进项税额$$

一般纳税人选择一般计税方法核算增值税时需要注意以下几点。

（1）增值税属于价外税，销项税额按不含税的销售额及规定税率计算。这里的销售额是指纳税人向购买方收取的全部价款及价外费用，如手续费、包装费、集资费、违约金等。对应税货物或劳务采用销售额和销项税额合并定价的（如零售企业），应将其换算为不含税的销售额。将含税销售额换算为不含税销售额的计算公式为：

$$不含税销售额 = 含税销售额 \div (1 + 税率)$$

（2）进项税额的抵扣，必须以合法的扣税凭证为依据，包括增值税专用发票、进口货物的完税凭证，以及收购免税农产品的凭证等。可以抵扣的金额一般以专用发票或完税凭证上注明的税额为准，收购免税农产品则以相关凭证所列金额及规定扣除率计算进项税额。企业如果未按规定取得并保存增值税扣税凭证，或者扣税凭证上未注明增值税额及其他有关事项，其进项税额不能从销项税额中抵扣，只能计入购入货物或接受劳务的成本。

合法扣税的凭证如图6-4所示。

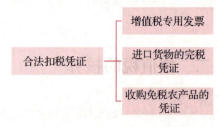

图6-4 合法扣税的凭证

（3）当期销项税额小于当期进项税额不足抵扣时，其不足部分可以结转下期继续抵扣。

2. 简易计税方法应纳税额的计算

简易计税方法应纳税额的计算公式为：

$$应纳税额 = 销售额 \times 征收率$$

> ☞ 提示
>
> 采用简易计税方法的纳税人，不得抵扣进项税额。简易计税方法的销售额不包括其应纳税额，纳税人采用销售额和应纳税额合并定价方法的，按照下列公式计算销售额：销售额 = 含税销售额 ÷（1+征收率）。

（二）一般纳税人应交增值税的核算

1. 账户设置

为了核算企业应交增值税的发生、抵扣、缴纳、退税及转出等情况，增值税一般纳税人应在"应交税费"账户下设置"应交增值税""未交增值税""预交增值税""待抵扣进项税额""待认证进项税额""待转销项税额""增值税留抵税额""简易计税""转让金融商品应交增值税""代扣代交增值税"等明细账户进行核算，如图6-5所示。

（1）"应交增值税"明细账户。该明细账户核算进项税额、已交税金、转出未交增值税、销项税额、出口退税、进项税额转出、出口抵减内销产品应纳税额、转出多交增值税等项内容，并采用多栏式账页。账户格式如表6-2所示，期末余额在借方，表示尚未抵扣的进项税额。

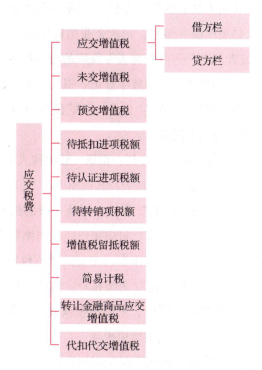

图 6-5 应缴税费账户设置

表 6-2 应交增值税明细账

年		凭证		摘要	借方						贷方					借或贷	余额
月	日	种类	编号		合计	进项税额	销项税额抵减	已交税金	出口抵减内销产品应纳税额	减免税款	转出未交增值税	合计	销项税额	出口退税	进项税额转出	转出多交增值税		

"进项税额"专栏：记录企业购进货物、加工修理修配劳务、服务、无形资产或不动产等而支付的、按规定准予从销项税额中抵扣的增值税税额。企业购入货物或接受应税劳务和应税服务等支付的进项税额，用蓝字登记；退回所购货物应冲销的进项税额，用红字登记。

"销项税额抵减"专栏：记录一般纳税人按照现行增值税制度规定因扣减销售额而减少的销项税额。

"已交税金"专栏：记录一般纳税人当月已交纳的应交增值税额。

"出口抵减内销产品应纳税额"专栏：记录实行"免、抵、退"办法的一般纳税人按规定计算的出口货物的进项税抵减内销产品的应纳税额。

"减免税款"专栏：记录一般纳税人按现行增值税制度规定准予减免的增值税额。

"转出未交增值税"专栏：记录一般纳税人月终了时转出当月应交未交的增值税额。

"销项税额"专栏：记录企业销售货物、提供加工修理修配劳务、销售服务、销售无形资产或者不动产等而向购买方收取的增值税额。企业销售货物、提供应税劳务和应税服务等应收取的销项税额，用蓝字登记；退回销售货物等应冲销的销项税额，用红字登记。

"出口退税"专栏：记录一般纳税人出口货物、加工修理修配劳务、服务、无形资产按规定退回的增值税额。

"进项税额转出"专栏：记录一般纳税人购进货物、加工修理修配劳务、服务、无形资产或不动产等发生非正常损失及其他原因而不应从销项税额中抵扣、按规定转出的进项税额。

"转出多交增值税"专栏：记录一般纳税人月终了时转出当月多交的增值税额。

（2）"未交增值税"明细账户。该明细账户核算一般纳税人月终了时从"应交增值税"明细账户转入当月应交未交、多交的增值税额，以及当月交纳以前期间未交的增值税额。

（3）"预交增值税"明细账户。该账户核算一般纳税人转让不动产、提供不动产经营租赁服务、提供建筑服务、采用预收款方式销售自行开发的房地产项目等，以及其他按现行增值税制度规定应预缴的增值税额。

（4）"待抵扣进项税额"明细账户。该账户核算一般纳税人已取得增值税扣税凭证并经税务机关认证，按照现行增值税制度规定准予以后期间从销项税额中抵扣的进项税额。其格式可沿用一般的三栏式账页，借方登记取得固定资产或在建工程（不动产）时，按规定准予以后期间从销项税额中抵扣的进项税额，贷方登记以后期间允许抵扣时的转出数，期末借方余额，表示留待以后期间从销项税额中抵扣的进项税额。

> ☞ 提示
>
> 待抵扣进项税额包括：一般纳税人自 2016 年 5 月 1 日后并按固定资产核算的不动产或者 2016 年 5 月 1 日后取得的不动产在建工程，按现行增值税制度规定准予以后期间从销项税额中抵扣的进项税额；实行纳税辅导期管理的一般纳税人取得的尚未交叉稽核比对的增值税扣税凭证上注明或计算的进项税额。自 2019 年 4 月 1 日起，纳税人取得不动产或者不动产在建工程的进项税额不再分 2 年抵扣。此前按照上述规定尚未抵扣完毕的待抵扣进项税额，可自 2019 年 4 月税款所属期起从销项税额中抵扣。

（5）"待认证进项税额"明细账户。该账户核算一般纳税人由于未经税务机关认证而不得从当期销项税额中抵扣的进项税额。其格式可沿用一般的三栏式账页，借方登记一般纳税人已取得增值税扣税凭证、按照现行增值税制度规定准予从销项税额中抵扣，但尚未经税务机关认证的进项税额，贷方登记经税务机关认证后的转出数或进货退出时的转出数，期末借方余额，表示尚未经税务机关认证的进项税额。

> ☞ **提示**
>
> 一般纳税人已申请稽核但尚未取得稽核相符结果的海关缴款书进项税额也在此核算。

（6）"待转销项税额"明细账户。该账户核算一般纳税人销售货物、加工修理修配劳务、服务、无形资产或不动产，已确认相关收入（或利得）但尚未发生增值税纳税义务而需要在以后期间确认为销项税额的增值税额。

（7）"增值税留抵税额"明细账户。该账户核算兼有销售服务、无形资产或不动产的原增值税一般纳税人，截至纳入"营改增"试点之日前的增值税期末留抵税额按照现行增值税制度规定不得从销售服务、无形资产或不动产的销项税额中抵扣的增值税留抵税额。

（8）"简易计税"明细账户。该账户核算一般纳税人采用简易计税方法发生的增值税计提、扣减、预缴、缴纳等业务。

（9）"转让金融商品应交增值税"明细账户。该账户核算增值税纳税人转让金融商品发生的增值税额。

（10）"代扣代交增值税"明细账账户。该账户核算纳税人购进在境内未设经营机构的境外单位或个人在境内的应税行为代扣代缴的增值税。

2. 取得货物或接受劳务等进项税额允许抵扣的核算

一般纳税人购进货物、加工修理修配劳务、服务、无形资产或不动产等，按应计入相关货物成本的金额，借记"库存商品""无形资产""固定资产"等账户，按当月已认证的可抵扣增值税额，借记"应交税费——应交增值税（进项税额）"账户，按当月未认证的可抵扣增值税额，借记"应交税费——待认证进项税额"账户，按应付或实际支付的金额，贷记"应付账款""应付票据""银行存款"等账户。

原未认证的可抵扣增值税额，经税务机关认证后，应借记"应交税费——应交增值税（进项税额）"账户，贷记"应交税费——待认证进项税额"账户。

（1）一般购进货物进项税额的账务处理。

一般纳税企业在购进货物时，会计处理实行价与税的分离，分离的依据为销售方提供的增值税专用发票，发票上注明的价款计入货物的成本，发票上注明的增值税作为进项税额抵扣。

【例6-4】 晋华公司2019年5月购入商品毛衣一批，增值税专用发票上注明的价款为20 000元，增值税税率为13%，增值税税额为2 600元，货款已经支付，商品已经到达并验收入库，增值税专用发票已经过税务机关认证。

购入商品时，根据增值税专用发票发票联、银行付款凭证、材料入库单，编制会计分录如下。

借：库存商品——毛衣　　　　　　　　　　　　　　　　　　　20 000
　　应交税费——应交增值税（进项税额）　　　　　　　　　 2 600
　　贷：银行存款　　　　　　　　　　　　　　　　　　　　　22 600

（2）购入免税农产品进项税额的账务处理。

企业购入免税农产品，可以按购进凭证上注明的金额（买价）乘以10%计算进项税额，并以此作为抵扣税款和记账的依据。买价减去准予扣除的进项税额计入货物成本。

【例6-5】晋华公司2019年10月收购农产品一批，支付的农产品价款为80 000元，农产品已验收入库。

购入时，根据农产品收购发票、银行付款凭证、材料入库单，编制会计分录如下。

借：原材料　　　　　　　　　　　　　　　　　　　　　　　72 000
　　应交税费——应交增值税（进项税额）　　　　　　　　　 8 000
　　贷：银行存款　　　　　　　　　　　　　　　　　　　　　80 000

进项税额 = 80 000×10% = 8 000（元）

（3）支付运输费、装卸费、搬运费、仓储费等进项税额的账务处理。

企业支付的运输费用，可以按取得的增值税专用发票上注明的金额（买价）乘以9%计算进项税额；支付的装卸费、搬运费、仓储费等，可以按取得的增值税专用发票上注明的金额（买价）乘以6%计算进项税额，作为抵扣税款和记账的依据。

【例6-6】晋华公司2019年6月份购进商品一批，增值税专用发票上注明价款500 000元、增值税税额为65 000元。另取得运费、装卸费增值税专用发票，注明运费8 000元、装卸费4 000元，增值税税额分别为720元、240元，材料已验收入库，货款未付，增值税专用发票已经过税务机关认证。

购入材料时，根据增值税专用发票发票联、材料入库单，编制会计分录如下。

借：库存商品　　　　　　　　　　　　　　　　　　　　　　512 000
　　应交税费——应交增值税（进项税额）　　　　　　　　　65 960
　　贷：应付账款　　　　　　　　　　　　　　　　　　　　　577 960

（4）接受应税劳务进项税额的账务处理。

一般纳税企业接受加工、修理修配劳务，按增值税专用发票上注明的增值税税额，借记"应交税费——应交增值税（进项税额）"或"应交税费——待认证进项税额"账户；按专用发票上记载的应当计入加工、修理修配等物资成本的金额，借记"生产成本""委托加工物资""管理费用"等账户；按应付或实际支付的金额，贷记"应付账款""银行存款"等账户。

【例6-7】晋华公司以银行存款支付汽车修理厂小汽车修理费4 520元，取得增值税专用发票已认证，修理费为4 000元，增值税税额为520元。

晋华公司支付修理费时,根据增值税专用发票发票联、银行付款通知,编制会计分录如下。

借:管理费用 4 000
　　应交税费——应交增值税(进项税额) 520
　　贷:银行存款 4 520

3. 销项税额的核算

一般纳税企业根据价、税分离的原则,在销售阶段应以企业自己开出的增值税专用发票为依据,其中不含税的价款作为销售收入,向购买方收取的增值税作为销项税额。

> **知识拓展**
>
> 《中华人民共和国增值税暂行条例实施细则》规定:企业将货物交付他人代销;销售代销货物;将自产、委托加工或购买的货物作为投资,提供给其他单位或个体经营者;将自产、委托加工或购买的货物分配给股东或投资者;将自产、委托加工的货物用于集体福利或个人消费;将自产、委托加工或购买的货物无偿赠送他人等行为,视同销售货物,需计算缴纳增值税。会计方面是否需要确认收入,要看其是否满足销售收入的确认原则。对于在会计上符合收入确认条件的行为,应确认收入;不符合收入确认条件的行为,只按成本结转。

【例6-8】晋华公司2019年5月份用托收承付结算方式向异地某公司销售商品一批,货款30 000元,增值税税额为3 900元,另支付运费并取得增值税专用发票,注明金额2 000元、增值税税额为180元,价税合计2 180元。托收手续已办理完毕。

(1) 销售商品确认收入时,根据销售合同、增值税专用发票记账联、托收承付结算凭证回单,编制会计分录如下。

借:应收账款 33 900
　　贷:主营业务收入 30 000
　　　　应交税费——应交增值税(销项税额) 3 900

(2) 支付运费时,根据增值税专用发票发票联、银行付款凭证,编制会计分录如下。

借:销售费用 2 000
　　应交税费——应交增值税(进项税额) 180
　　贷:银行存款 2 180

4. 购进货物不得抵扣进项税额的核算

(1) 一般纳税人购进货物、加工修理修配劳务、服务、无形资产或不动产,用于简易计税方法计税项目、免征增值税项目、集体福利或个人消费等,其进项税额按照现行增值税制度规定不得从销项税额中抵扣的,取得增值税专用发票时,应借记相关成本费用或资产科目，借记"应交税费——待认证进项税额"账户，贷记"银行存款""应付账款"等账户，经税务机关认证后，应借记相关成本费用或资产科目，贷记"应交税费——应交增值税（进项税额转出）"账户。

（2）购进货物改变用途。购进货物时所发生的进项税额计入"应交税费——应交增值税（进项税额）"明细账户的借方。以后购进货物改变用途用于非应税项目，则将进项税额转出，借记有关成本、费用或资产账户，贷记"应交税费——应交增值税（进项税额转出）"账户。

（3）企业购进货物、生产的在产品或产成品等发生非常损失，原已计入进项税额的部分，也应做转出处理。当发生非常损失时，按非常损失的购进货物、在产品、产成品的实际成本与负担的进项税额的合计数，借记"待处理财产损溢——待处理流动资产损溢"账户；按实际损失的购进货物、在产品、产成品成本，贷记"库存商品"等账户；按计算出的转出的税金数额，贷记"应交税费——应交增值税（进项税额转出）"账户。

【例6-9】晋华公司库存商品因火灾毁损一批，该批商品购进的成本为20 000元，进项税额为2 600元。

晋华公司根据材料火灾毁损报告单，编制会计分录如下。

借：待处理财产损溢——待处理流动资产损溢　　　　　　　　　22 600
　　贷：库存商品　　　　　　　　　　　　　　　　　　　　　　20 000
　　　　应交税费——应交增值税（进项税额转出）　　　　　　　2 600

5. 应交增值税的核算

月份终了，纳税人应根据"应交税费——应交增值税"明细账户各专栏本期发生额，计算企业当期应缴纳的增值税税额，并在规定期限内申报缴纳。其计算公式为：

当期应纳税额=当期销项税额+当期进项税额转出−上期留抵的进项税额−当期发生的允许抵扣的进项税额

企业计算出当月应交而未交的增值税时，借记"应交税费——应交增值税（转出未交增值税）"账户，贷记"应交税费——未交增值税"账户；计算出当月多交的增值税时，借记"应交税费——未交增值税"账户，贷记"应交税费——应交增值税（转出多交增值税）"账户。

企业缴纳当月的增值税，通过"应交税费——应交增值税（已交税金）"账户反映；缴纳以前各期未交的增值税，通过"应交税费——未交增值税"账户反映。

【例6-10】晋华公司2019年10月份购进商品允许抵扣的进项税额合计200 000元，本月初"应交税费——应交增值税"明细账户借方余额为30 000元，本月销售商品发生的销项税额合计310 000元。该公司11月份发生允许抵扣的进项税额合计100 000元，销项税额合计70 000元，公司依法申报缴纳上月应缴未缴的增值税80 000元、本月的增值税税额为9 000元。除此以外，该公司没有发生其他涉及增值税的业务。

（1）晋华公司10月份的账务处理。

10月末，根据未交增值税计算表，编制会计分录如下。

借：应交税费——应交增值税（转出未交增值税）　　　　　80 000
　　贷：应交税费——未交增值税　　　　　　　　　　　　　　80 000

10月份应纳增值税税额=310 000-（200 000+30 000）= 80 000（元）

（2）晋华公司11月份的账务处理。

①缴纳增值税时，根据银行电子缴税付款凭证，编制会计分录如下。

借：应交税费——未交增值税　　　　　　　　　　　　　　80 000
　　　　　　　——应交增值税（已交税金）　　　　　　　　　9 000
　　贷：银行存款　　　　　　　　　　　　　　　　　　　　　89 000

②晋华公司11月份应纳增值税=70 000-100 000=-30 000（元）

即11月末"应交税费——应交增值税"账户为借方余额30 000元，作为留抵的进项税额，抵减以后月份的销项税额。

③转出11月份多交的增值税时，根据未交增值税计算表，编制会计分录如下。

借：应交税费——未交增值税　　　　　　　　　　　　　　9 000
　　贷：应交税费——应交增值税（转出多交增值税）　　　　　9 000

（三）小规模纳税人应交增值税的核算

小规模纳税人应当按照不含税销售额和规定的征收率计算交纳增值税。实行销售额与应纳增值税合并定价的，应将含税销售额还原为不含税销售额后，再计算应纳税额。其计算公式为：

不含税销售额=含税销售额÷（1+征收率）

小规模纳税人销售货物或提供应税劳务时，一般只能开具普通发票，不能开具增值税专用发票。小规模纳税人不享有进项税额的抵扣权，其购进货物或接受应税劳务支付的增值税直接计入有关货物或劳务的成本。

小规模纳税人增值税的核算比较简单，只需在"应交税费"账户下设置"应交增值税"明细账户，其格式沿用一般的三栏式账页，贷方登记应纳税额的增加，借方登记实际缴纳的增值税，余额一般在贷方，表示应交未交的增值税；若为借方余额，则表示多交的增值税。

如果增值税纳税人转让金融商品发生增值税应税行为和购进在境内未设经营机构的境外单位或个人在境内的应税行为代扣代缴增值税，分别设置"转让金融商品应交增值税"和"代扣代交增值税"明细科目核算。

项目六　核算商品流通企业的费用、税金和利润

【例6-11】某企业为小规模纳税人，增值税税率为3%，该企业本期购入商品一批，增值税普通发票上注明的价款为50 000元，增值税税额为8 000元，企业开出一张商业承兑汇票。同期销售产品一批，含税价格为61 800元，货款尚未收到。

（1）购进货物时，根据增值税专用发票（或普通发票）、商业承兑汇票复印件，编制会计分录如下。

借：库存商品　　　　　　　　　　　　　　　　　　　　　　　58 000
　　贷：应付票据　　　　　　　　　　　　　　　　　　　　　58 000

（2）销售货物时，根据销售合同、普通销售发票，编制会计分录如下。

借：应收账款　　　　　　　　　　　　　　　　　　　　　　　61 800
　　贷：主营业务收入　　　　　　　　　　　　　　　　　　　60 000
　　　　应交税费——应交增值税　　　　　　　　　　　　　　1 800

不含税价 = 61 800÷（1+3%）= 60 000（元）

应交增值税 = 60 000×3% = 1 800（元）

（3）小规模纳税人期末"应交税费——应交增值税"明细账户的贷方余额，即为本月应交增值税。

按规定上交时，根据银行电子缴税付款凭证，编制会计分录如下。

借：应交税费——应交增值税　　　　　　　　　　　　　　　　1 800
　　贷：银行存款　　　　　　　　　　　　　　　　　　　　　1 800

三、消费税的核算

（一）征税范围

消费税是指对我国境内生产、委托加工和进口的应税消费品和消费行为的流转额征收的一种税。

（二）税率

消费税税率有比例税率和固定税额两种，根据不同的税目或子税目确定相应的税率或单位税额。其中，除黄酒、啤酒、汽油、柴油实行从量定额征收，以及白酒、卷烟实行从量定额和从价定率复合征收外，其余实行比例税率，税率为3%~40%。

（三）应纳消费税额的计算

（1）实行从价定率征收的应税消费品，其计税依据为含消费税不含增值税的销售额。计算公式为：

$$应纳税额 = 销售额 \times 税率$$

委托加工的应税消费品，按照受托方同类消费品的销售价格计算纳税；没有同类消费品

销售价格的，按组成计税价格计算纳税。计算公式为：

组成计税价格=（材料成本+加工费）÷（1-消费税税率）

应纳税额=组成计税价格×消费税税率

（2）实行从量定额征收的，其计税依据是销售应税销售品的实际销售数量。计算公式为：

应纳税额=销售数量×单位税额

企业按规定应交的消费税，通过"应交税费——应交消费税"账户进行核算。企业计提应交纳的消费税额时，借记"税金及附加"或"委托加工物资"等账户，贷记"应交税费——应交消费税"账户。支付税金时，借记"应交税费——应交消费税"账户，贷记"银行存款"账户。

【例 6-12】 华景商场零售金银首饰，5月份金银首饰销售收入为 100 000 元，增值税税率为 13%，消费税税率为 5%，货款已收到存入银行。

（1）确认销售收入时，根据销售合同、专用发票记账联，编制会计分录如下。

借：银行存款　　　　　　　　　　　　　　　　　　　113 000
　　贷：主营业务收入　　　　　　　　　　　　　　　　100 000
　　　　应交税费——应交增值税（销项税额）　　　　　 13 000

同时

借：税金及附加　　　　　　　　　　　　　　　　　　　5 000
　　贷：应交税费——应交消费税　　　　　　　　　　　　5 000

（2）交纳时：

借：应交税费——应交消费税　　　　　　　　　　　　　5 000
　　贷：银行存款　　　　　　　　　　　　　　　　　　　5 000

四、城市维护建设税的核算

（一）城市维护建设税的特点

城市维护建设税是指国家对缴纳增值税、消费税的单位和个人就其实际缴纳的增值税、消费税税额为计税依据而征收的一种税。

（二）税率

城市维护建设税按纳税人所在地的不同，设置了 3 档差别比例税率，如图 6-6 所示。

（1）纳税人所在地为市区的，税率为 7%。

（2）纳税人所在地为县城、镇的，税率为 5%。

图 6-6　城市维护建设税税率

(3) 纳税人所在地不在市区、县城或镇的，税率为1%。

（三）应纳税额的计算

城市维护建设税的应纳税额的计算，以纳税人实际缴纳的"增值税、消费税"税额为计算依据。计算公式为：

$$应纳税额＝纳税人实际缴纳的增值税、消费税税额×适用税率$$

（四）城市维护建设税的核算

企业应交的城市维护建设税，通过"应交税费——应交城市维护建设税"账户进行核算。

【例6-13】金星公司5月份主营业务应交增值税17 000元，应交消费税税额3 000元，城市维护建设税税率为7%。

应纳城市维护建设税税额=（17 000+3 000）×7%＝1 400（元）

借：税金及附加　　　　　　　　　　　　　　　　　　　　　　1 400
　　贷：应交税费——应交城建税　　　　　　　　　　　　　　　　　　1 400

五、教育费附加的核算

教育费附加是指国家按照企业实际缴纳的增值税和消费税为计税依据而征收的一种费用。

教育费附加以企业实际交纳的增值税和消费税为计税依据，教育费附加率为3%。

企业应交的教育费附加，通过"应交税费——应交教育费附加"账户进行核算。

企业按规定计算应交的教育费附加时，借记"税金及附加"等账户，贷记"应交税费——应交教育费附加"账户；实际交纳时，借记"应交税费——应交教育费附加"账户，贷记"银行存款"账户。

【例6-14】依据例6-13资料，教育费附加税率为3%。

应交教育费附加额=（17000+3000）×3%＝600（元）

借：税金及附加　　　　　　　　　　　　　　　　　　　　　　600
　　贷：应交税费——应交教育费附加　　　　　　　　　　　　　　　　600

六、印花税的核算

印花税是指对经济活动和经济交往中书立、使用、领受具有法律效力的凭证的单位和个人征收的一种税。印花税税额的征收采取自行贴花、汇贴或汇缴、委托代售印花税票的方式，所以印花税的核算一般不通过"应交税费"账户，而是直接借记"税金及附加"账户，贷记"银行存款"账户。

【例6-15】 某企业与其他企业签订仓储保管合同，仓储保管费用为40 000元，印花税税率为1‰。

借：税金及附加——印花税　　　　　　　　　　　　　　40
　　贷：银行存款　　　　　　　　　　　　　　　　　　40

任务三　核算利润

引导案例

关于利润，小王有以下几种观点。

观点一：企业的利润是收入减去成本费用的差额。

观点二：每年形成的利润企业可以根据需要留存在企业之中，也可以发放给股东。

观点三：形成的亏损只能用以后年份实现的利润进行弥补。

想一想：小王的观点正确吗？利润由什么构成？利润可以怎样进行分配呢？亏损是怎样进行弥补的？

一、利润的构成

利润是指企业在一定会计期间的经营成果。利润包括收入减去费用后的净额、直接计入当期利润的利得和损失。

企业的利润（或亏损）总额包括营业利润、营业外收支净额等内容，其有关计算公式为：

利润总额（或亏损总额）＝营业利润＋营业外收入－营业外支出

营业利润＝营业收入－营业成本－税金及附加－销售费用－管理费用－研发费用－财务费用－资产减值损失＋其他收益±公允价值变动损益±投资净收益＋资产处置收益

式中：

营业收入＝主营业务收入＋其他业务收入

营业成本＝主营业务成本＋其他业务成本

净利润＝利润总额－所得税费用

项目六 核算商品流通企业的费用、税金和利润

☞ 提示

"研发费用"由"管理费用"科目下的"研发费用"明细科目的发生额得到。所以此处的管理费用金额不包括研发费用金额。

☞ 提示

一定会计期间内生产经营活动所获得的各项收入抵减各项支出，相抵后若为正数，则表示盈利；若为负数，则表示亏损。

净利润等于利润总额减去所得税费用，而不是减去应交所得税。

☞ 知识链接

营业外收入是指企业确认的与日常活动无直接关系的各项利得，主要包括政府补助（非日常活动）、盘盈利得、捐赠利得、债务重组利得等。

盘盈利得是指企业批准的计入营业外收入的现金等资产盘盈的利得。

捐赠利得是指企业接受捐赠产生的利得。

☞ 知识链接

资产处置损益：核算企业出售划分为持有待售的非流动资产（金融工具、长期股权投资和投资性房地产除外）或处置组（子公司和业务除外）时确认的处置利得或损失，以及处置未划分为持有待售的固定资产、在建工程、生产性生物资产及无形资产而产生的处置利得或损失。

☞ 想一想

企业确认的利得都计入营业外收入吗？营业外收入与收入有什么不同？

二、利润的结转

企业利润的结转有表结法和账结法两种方法。

（一）表结法

在表结法下，企业在年终决算以外的月末、年末计算本期利润和本年累计利润时，将全部损益类账户的余额按利润表填制的要求，填入利润表的各项目中，在表中计算出本期利润和本年累计利润。由于在这种方法下每月月末不将损益类账户的期末余额转入"本年利润"账户，因此各损益类账户的期末余额反映截至本月末止的本年累计余额，这种方法的具体做法如下。

首先，将各损益类账户的月末余额按利润表的填制要求，填入利润表"本年累计"栏下的各项目中，通过利润表计算出至本月末的本年累计利润；

任务三 核算利润

其次，再用"本年累计"栏的各项目金额减去相对应的上月利润表"本年累计"栏的各项目金额，计算出本月的各损益项目金额和利润额。

> ☞ 提示
>
> 由于1月是本年的第一个月份，因此，直接将各损益类账户的月末余额填入利润表的"本月数"和"本年累计"栏中。

采用表结法，由于各月月末不结转本年利润，只有在年末才将所有损益类账户的余额转入"本年利润"账户，因此，各损益类账户的月末余额表示累计的收入或费用，"本年利润"账户1~11月月末不做任何记录。年末时，应使用账结法将全部损益类账户结转到"本年利润"账户，通过"本年利润"账户结出本年度利润。

年末结转本年利润时，借记损益类账户中的收入、利得类账户，贷记"本年利润"账户；借记"本年利润"账户，贷记损益类账户中的费用、损失类账户。年末时，损益类账户没有余额，"本年利润"账户的贷方余额表示全年累计实现的净利润，借方余额表示全年累计发生的净亏损。

采用表结法，各月末的累计净利润或净亏损不能在账面上直接得到反映，需要在利润表中进行结算，但由于平时不必结转本年利润，因此能够简化核算工作。

> ☞ 提示
>
> 采用表结法结转利润时，适用于年终决算以外的各月末、期末，年末时，应采用账结法。

（二）账结法

设置"本年利润"账户，核算企业在本年度实现的利润或亏损。从用途上讲，该账户属于财务成果类账户，贷方登记各项收入，借方登记各项费用与支出，借贷相抵后的余额如果在贷方表示盈利，如果在借方则表示亏损。在年度中间尚未分配利润时，应将其填列在资产负债表的"所有者权益"项目下，从这个意义上讲它是所有者权益性质的账户。年度终了时，还应将其余额全部转入"利润分配——未分配利润"账户，转账后该账户无余额。

在账结法下，企业在每个会计期末（月末、季末、年末）将全部损益类账户（除"以前年度损益调整"外）的余额转入"本年利润"账户，通过"本年利润"账户结转当期利润和本年累计利润。

期末结转各损益类账户时，借记所有收入、利得类账户，贷记"本年利润"账户；借记"本年利润"账户，贷记所有费用、损失类账户。经过上述结转后，各损益类账户期末均没有余额，"本年利润"账户的贷方余额表示年度内累计实现的净利润，借方余额表示年

项目六 核算商品流通企业的费用、税金和利润

度内累计发生的净亏损。

采用账结法,账面上能够直接反映各月末累计实现的净利润和累计发生的净亏损,但每月结转本年利润的工作量较大。

【例 6-16】某公司 2019 年 1 月~11 月均采用表结法计算利润,年末各损益类账户的期末余额如表 6-3 所示。

表 6-3 年末各损益类账户的期末余额

单位:元

账户名称	借方	贷方
主营业务收入		16 505 000
其他业务收入		51 000
其他收益		10 000
投资收益		120 000
营业外收入		32 000
主营业务成本	12 550 000	
税金及附加	475 750	
其他业务成本	46 250	
销售费用	75 000	
研发费用	10 000	
管理费用(不包括研发费用)	67 000	
财务费用	53 000	
营业外支出	51 000	
所得税费用	1 320 000	

年末时,根据上述资料编制会计分录如下。

(1)结转增加利润的各损益类账户:

借:主营业务收入　　　　　　　　　　　　　　　　　　　　16 505 000
　　其他业务收入　　　　　　　　　　　　　　　　　　　　　　51 000
　　投资收益　　　　　　　　　　　　　　　　　　　　　　　120 000
　　其他收益　　　　　　　　　　　　　　　　　　　　　　　　10 000
　　营业外收入　　　　　　　　　　　　　　　　　　　　　　　32 000
　　贷:本年利润　　　　　　　　　　　　　　　　　　　　16 718 000

(2)结转减少利润的各损益类账户:

借：本年利润	14 648 000
贷：主营业务成本	12 550 000
税金及附加	475 750
其他业务成本	46 250
销售费用	75 000
管理费用	67 000
研发费用	10 000
财务费用	53 000
营业外支出	51 000
所得税费用	1 320 000

（3）将"本年利润"账户余额转入"利润分配——未分配利润"账户：

借：本年利润	2 070 000
贷：利润分配——未分配利润	2 070 000

三、利润的分配

（一）利润分配的一般程序

利润分配是指企业根据国家规定和投资者的决议、公司章程，对企业所得税后净利润所进行的分配。企业本年实现的净利润，加上年初未分配利润（或减去年初未弥补亏损）的余额，为可供分配的利润。可供分配的利润，应首先提取法定盈余公积。可供分配的利润减去提取的法定盈余公积后，为可供投资者分配的利润。可供投资者分配的利润，按照图6-7所示的顺序分配。

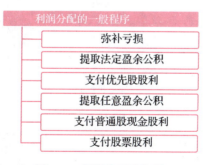

图6-7　利润分配流程图

（1）应付优先股股利：指企业按照利润分配方案分配给优先股股东的现金股利。

（2）提取任意盈余公积：指企业按规定提取的任意盈余公积。

(3) 应付普通股股利：指企业按照利润分配方案分配给普通股东的现金股利，包括分配给投资者的利润。

(4) 转作资本或股本的普通股股利：指企业按照利润分配方案以分派股票股利的形式转作的资本（或股本），包括企业以利润转增的资本。

可供投资者分配的利润，经过上述分配后为未分配利润（或未弥补亏损）。未分配利润可留待以后年度进行分配。企业如果发生亏损，则可以按规定由以后年度利润进行弥补。

企业未分配的利润（或未弥补的亏损）应当在资产负债表的所有者权益项目中单独反映。

☞ 提示

利润分配有一定的顺序，不能先后颠倒。

（二）核算利润分配

企业的利润分配是通过"利润分配"账户进行的，它是"本年利润"账户的调整账户。该账户借方反映分配到各个方面的利润，如提取法定盈余公积和应付股利等；贷方反映本年利润的结转及用盈余公积弥补的亏损等。期末余额如果在借方，则表示历年积存的未弥补的亏损；如果在贷方，则表示历年积存的未分配利润。

为了详细地反映企业利润的分配情况，"利润分配"账户应按利润分配的去向设置明细账进行明细核算，包括：提取法定盈余公积、提取任意盈余公积、应付现金股利或利润、转作资本（股本）的股利、未分配利润、盈余公积补亏。

利润分配账户的明细账户如图6-8所示。

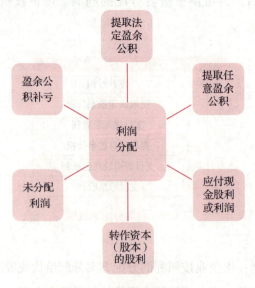

图6-8 利润分配账户的明细账户

年度终了,应将"利润分配"所有各明细账户的余额全部转入"未分配利润"明细账户,结转后,其他各明细账户无余额。

(三) 本年利润的结转

年度终了,企业应将本年度实现的净利润,自"本年利润"账户转入"利润分配——未分配利润"账户,借记"本年利润"账户,贷记"利润分配——未分配利润"账户,为净亏损的编制相反的会计分录;同时,将"利润分配"账户所属其他明细账户的余额转入"利润分配——未分配利润"明细账户。结转后,"利润分配"账户除"未分配利润"明细账户外,其他明细账户均无余额。

(四) 利润分配的账务处理

1. 提取盈余公积

企业按规定提取的盈余公积,借记"利润分配——提取法定盈余公积或提取任意盈余公积"账户,贷记"盈余公积——法定盈余公积或任意盈余公积"账户。

2. 分配现金股利和利润

经企业股东大会或类似机构审议批准的利润分配方案、宣告分配的现金股利或利润,在实际支付前,形成企业的负债,应将其计入应付股利的贷方,借记"利润分配——应付现金股利或利润"账户,贷记"应付股利"账户。但是,如果是属于企业董事会或类似机构通过的利润分配方案中拟分配的现金股利或利润,则不应确认为负债,也不影响所有者权益总额,应在报表附注中进行披露。

3. 分配股票股利

经企业股东大会或类似机构决议,分配给股东的股票股利,应在办妥增资手续后,借记"利润分配——转作股本的股利"账户,贷记"股本"账户。

4. 盈余公积补亏

用盈余公积弥补亏损,借记"盈余公积——法定盈余公积或任意盈余公积"账户,贷记"利润分配——盈余公积补亏"账户。

【例6-17】晋华公司2019年实现净利润100万元,按规定从税后利润中提取10%的法定盈余公积,并根据股东大会决议,分派优先股股利5万元,提取任意盈余公积3万元,分派普通股现金股利20万元。

(1) 结转本年利润,编制会计分录如下。

借:本年利润   1 000 000

    贷:利润分配——未分配利润   1 000 000

(2) 根据盈余公积提取计算表,编制会计分录如下。

借：利润分配——提取法定盈余公积　　　　　　　　　　　　　　　　100 000
　　　贷：盈余公积——法定盈余公积　　　　　　　　　　　　　　　　100 000

（3）根据股东大会决议、盈余公积计算表、股利分配计算表，编制会计分录如下。

借：利润分配——应付现金股利或利润　　　　　　　　　　　　　　　250 000
　　　　　　——提取任意盈余公积　　　　　　　　　　　　　　　　 30 000
　　　贷：应付股利——优先股股利　　　　　　　　　　　　　　　　　50 000
　　　　　　　　——普通股股利　　　　　　　　　　　　　　　　　200 000
　　　　　盈余公积——任意盈余公积　　　　　　　　　　　　　　　　30 000

（4）结转利润分配明细账户，编制会计分录如下。

借：利润分配——未分配利润　　　　　　　　　　　　　　　　　　　380 000
　　　贷：利润分配——提取法定盈余公积　　　　　　　　　　　　　　100 000
　　　　　　　　　——应付现金股利或利润　　　　　　　　　　　　　250 000
　　　　　　　　　——提取任意盈余公积　　　　　　　　　　　　　　 30 000

结转后，"未分配利润"明细账户余额为贷方余额62万元，"利润分配"其他明细账户无余额。

> **提示**
> 本年利润账户期末要进行结转，利润分配各明细账户期末也要进行结转。结转后，"本年利润"账户、"利润分配"各明细账户均无余额，只有"未分配利润"明细账户有余额。

【例6-18】晋能公司2019年年末各项损益结转后，"本年利润"账户的期末余额为借方余额8万元，即当年亏损8万元。

则将"本年利润"账户转入"利润分配——未分配利润"账户，编制会计分录如下。

借：利润分配——未分配利润　　　　　　　　　　　　　　　　　　　 80 000
　　　贷：本年利润　　　　　　　　　　　　　　　　　　　　　　　　80 000

四、亏损的弥补

企业经营中发生的亏损，应由企业自行解决。弥补亏损的途径大体有3条，如图6-9所示。一是用以后年度税前利润弥补。按照规定，企业发生亏损可以用以后年度实现的利润进行弥补，但弥补期限不得超过5年。二是用以后年度税后利润弥补。超过了税收规定的税前利润弥补期限，未弥补的以前年度亏损可用所得税后的利润弥补。三是用盈余公积弥补。

图6-9 弥补亏损的途径

(一) 盈余公积补亏

【例6-19】2019年年末,美晋公司以前年度发生的亏损120 000元尚未弥补,根据税费规定,该亏损不能再用税前利润弥补,经董事会决议、股东大会批准,用法定盈余公积补亏。

(1) 根据股东大会决议,编制会计分录如下。

借:盈余公积——法定盈余公积　　　　　　　　　　　　120 000
　　贷:利润分配——盈余公积补亏　　　　　　　　　　　　　120 000

(2) 年末,将"盈余公积补亏"明细账户的余额转入"未分配利润"明细账户。编制会计分录如下。

借:利润分配——盈余公积补亏　　　　　　　　　　　　120 000
　　贷:利润分配——未分配利润　　　　　　　　　　　　　　120 000

(二) 利润补亏

企业发生了亏损,如同实现净利润一样,均从"本年利润"账户转入"利润分配——未分配利润"账户。结转后,"利润分配——未分配利润"的借方余额,即为未弥补的亏损。以后年度实现了净利润,用同样的方法自"本年利润"账户转入"利润分配——未分配利润"账户,结转后,自然抵减了上年转来的借方余额,即弥补了亏损,无须编制专门的会计分录。

【例6-20】晋业公司2017年发生亏损150 000元。年度终了,编制会计分录如下。

借:利润分配——未分配利润　　　　　　　　　　　　　150 000
　　贷:本年利润　　　　　　　　　　　　　　　　　　　　　150 000

假定2019年该公司实现净利润200 000元。年度终了,编制会计分录如下。

借:本年利润　　　　　　　　　　　　　　　　　　　　200 000
　　贷:利润分配——未分配利润　　　　　　　　　　　　　　200 000

"未分配利润"明细账户的余额=-150 000+200 000=50 000(元)

> ☞ 提示
>
> 无论是税前利润补亏,还是税后利润补亏,会计处理方法都一样,区别在于企业申报缴纳所得税时,前者可以作为应纳税所得额的调整数,而后者则不能。

项目七

编制财务报表

知识目标

- 熟悉财务报告的组成和财务报表列报的基本要求。
- 掌握资产负债表的编制。
- 掌握利润表的编制。
- 了解现金流量表的作用。

技能目标

- 能配合各职能部门进行财务报告编制之前的清产核资、结账等准备工作。
- 能根据企业的科目余额表填制资产负债表。
- 能根据账户发生额填制利润表。

素质目标

- 培养学生的合规意识、弘扬社会主义法治精神，遵循国家法律法规制度和公司章程、坚持准则。做社会主义法治的忠实崇尚者、自觉遵守者、坚定捍卫者。
- 培养学生的责任意识。践行社会主义核心价值观，树立正确的责任观和奉献观，强调责任与担当，在新时代运用专业知识为企业经营决策提供有价值的财务信息，助力企业价值创造。

项目七　编制财务报表

知识导图

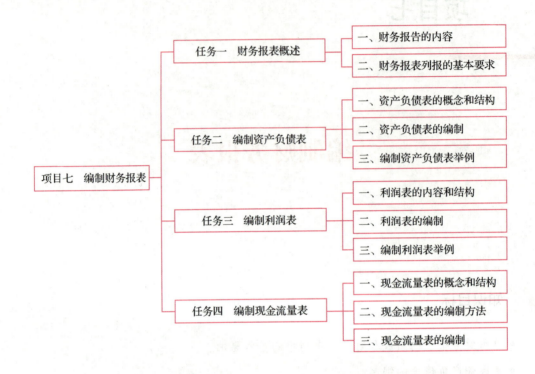

任务一　财务报表概述

引导案例

企业需要对外提供反映企业财务状况和经营成果及现金流量等会计信息，小王认为可以把平时的记账凭证向社会公众公开，这样就可以使大家了解企业情况，小张认为这种方法过于复杂，可以把这些需要披露的信息进行归纳总结。

想一想：企业可以用什么样的办法对外披露信息？这些信息有规定的格式吗？

一、财务报告的内容

财务报告也称财务会计报告，是指企业对外提供的反映企业某一特定日期的财务状况和某一会计期间的经营成果、现金流量等会计信息的文件。

财务报告包括财务报表和其他应当在财务报告中披露的相关信息和资料,如图7-1所示。财务报表是财务报告的核心。

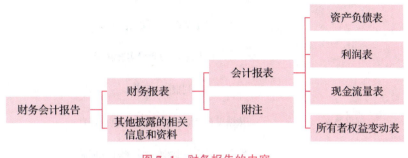

图7-1 财务报告的内容

财务报表是对企业财务状况、经营成果和现金流量的结构性表述。财务报表由会计报表和附注两个部分构成。

会计报表是财务会计报告的主要内容,是以统一的货币计量单位,主要运用表格形式依据账簿记录及其他有关资料进行编制,总括反映企业经济活动的书面文件。

会计报表附注是为了便于会计报表使用者理解会计报表的内容而对会计报表的编制基础、编制依据、编制原则和方法及主要项目等所做的解释。它是对会计报表的补充说明,是财务报表不可或缺的组成部分。

> ☞提示
> 一套完整的财务报表包括资产负债表、利润表、现金流量表和所有者权益变动表及附注。

二、财务报表列报的基本要求

(一)依据各项会计准则确认和计量的结果编制财务报表

企业应当根据实际发生的交易和事项,遵循各项具体会计准则及解释的规定进行确认和计量,并在此基础上编制财务报表。

企业应当在附注中对这一情况做出声明,只有遵循了《企业会计准则》的所有规定时,财务报表才应当被称为"遵循了《企业会计准则》"。同时,企业不应以在附注中披露代替对交易和事项的确认和计量,不恰当的确认和计量也不能通过充分披露相关会计政策而纠正。

此外,如果按照各项会计准则规定披露的信息不足以让报表使用者了解特定交易或事项对企业财务状况、经营成果和现金流量的影响时,企业还应当披露其他必要的信息。

列报要求如图7-2所示。

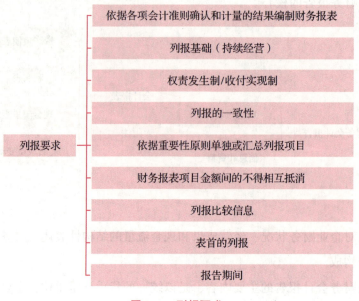

图7-2 列报要求

(二) 列报基础

企业应当以持续经营为基础编制财务报表。在编制财务报表的过程中,企业管理层应当全面评估企业的持续经营能力。企业在评估持续经营能力时应结合考虑企业的具体情况。

知识拓展

企业如果存在以下情况之一,则通常表明其处于非持续经营状态:①企业已在当期进行清算或停止营业;②企业已经正式决定在下一个会计期间进行清算或停止营业;③企业已确定在当期或下一个会计期间没有其他可供选择的方案而将被迫进行清算或停止营业。在非持续经营的情况下,企业应当在附注中声明财务报表未以持续经营为基础列报、披露未以持续经营为基础的原因及财务报表的编制基础。

(三) 权责发生制

企业除现金流量表按照收付实现制编制外,应当按照权责发生制编制其他财务报表。在采用权责发生制的情况下,当项目符合基本准则中财务报表要素的定义和确认标准时,企业就应当确认相应的资产、负债、所有者权益、收入和费用,并在财务报表中加以反映。

(四) 列报的一致性

财务报表项目的列报应当在各个会计期间保持一致,不得随意变更。这一要求不仅只针对财务报表中的项目名称，还包括财务报表项目的分类、排列顺序等方面。

知识拓展

在下列情况下，企业可以变更财务报表项目的列报：①会计准则要求改变财务报表项目的列报；②企业经营业务的性质发生重大变化或对企业经营影响较大的交易和事项发生后，变更财务报表项目的列报能够提供更可靠、更相关的会计信息。企业变更财务报表项目列报的，应当根据会计准则的有关规定提供列报的比较信息。

（五）依据重要性原则单独或汇总列报项目

重要性是指在合理预期下，如果财务报表某项目的省略或错报会影响使用者据此做出经济决策的，则该项目就具有重要性。

项目在财务报表中是单独列报还是汇总列报，应当依据重要性原则来判断。总的原则是：如果某项目单个看不具有重要性，则可将其与其他项目汇总列报；如果具有重要性，则应当单独列报。

☞ 提示

企业在进行重要性判断时，应当根据所处的具体环境，从项目的性质和金额两方面予以判断，且对各项目重要性的判断标准一经确定，不得随意变更。

（六）财务报表项目金额间的不得相互抵消

财务报表项目应当以总额列报，资产和负债、收入和费用、直接计入当期利润的利得项目和损失项目的金额不能相互抵消，即不得以净额列报，但《企业会计准则》另有规定的除外。

☞ 知识链接

《企业会计准则》规定，以下3种情况不属于抵消。
（1）一组类似交易形成的利得和损失以净额列示的，不属于抵消。
（2）资产和负债项目按扣除备抵项目后的净额列示，不属于抵消。
（3）非日常活动产生的利得和损失，以同一交易形成的收益扣减相关费用后的净额列示更能反映交易实质的，不属于抵消。

（七）列报比较信息

企业在列报当期财务报表时，至少应当提供所有列报项目上一个可比会计期间的比较数据，以及与理解当期财务报表相关的说明。这一要求适用于财务报表的所有组成部分，既适用于4张报表，也适用于附注。

通常情况下，企业列报所有列报项目上一个可比会计期间的比较数据，至少包括两期各报表及相关附注。

企业根据准则规定确需变更财务报表项目列报的，应当至少对可比期间的数据按照当期的列报要求进行调整，并在附注中披露调整的原因和性质及调整的各项目金额。但对可比期间比较数据进行调整不切实可行的，企业应当在附注中披露不能调整的原因及假设金额重分类可能进行的调整的性质。

（八）财务报表表首的列报要求

企业在财务报表的显著位置应当至少披露下列基本信息。

（1）编报企业的名称。

（2）对资产负债表而言，应当披露资产负债表日；对利润表、现金流量表、所有者权益变动表而言，应当披露报表涵盖的会计期间。

（3）货币名称和单位。

（4）财务报表是合并财务报表的，应当予以标明。

表首列报如图7-3所示。

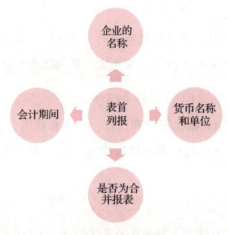

图7-3　表首列报

（九）报告期间

企业至少应当按年编制财务报表。如果企业在编制年度财务报表时，年度财务报表涵盖的期间短于一年的，则应当披露年度财务报表的实际涵盖期间及其短于一年的原因，并应当说明由此引起财务报表项目与比较数据不具可比性这一事实。

☞ **知识链接**

小企业的财务报表组成项目根据小企业的实际情况进行了适当简化和调整。

知识链接

小企业的财务报表组成项目根据小企业的实际情况进行了适当简化和调整。

财政部2019年4月30日发布《关于修订印发2019年度一般企业财务报表格式的通知》，该通知适用于执行企业会计准则的非金融企业2019年度中期财务报表和年度财务报表及以后期间的财务报表。

图 7-4　财务报表格式

执行企业会计准则的非金融企业中，尚未执行新金融准则、新收入准则和新租赁准则的企业与已执行新金融准则、新收入准则和新租赁准则的企业财务报表格式不同。

企业对不存在相应业务的报表项目可结合本企业的实际情况进行必要删减，企业根据重要性原则并结合本企业的实际情况可以对确需单独列示的内容增加报表项目。

任务二　编制资产负债表

引导案例

为了反映本企业某一特定日期的财务状况，小王决定编制资产负债表，小王发现账户余额表与资产负债表中的项目并不是一一对应的，因此小王不知道怎样把账户余额表中的金额对应到资产负债表中。小王还发现，资产负债表需要填列期初余额和期末余额，这两列的金额小王认为应采用一样的填制方法。

想一想：怎样根据账户余额表填列资产负债表呢？小王的说法正确吗？

一、资产负债表的概念和结构

（一）资产负债表的概念

资产负债表是指反映企业在某一特定日期的财务状况的会计报表，即反映企业某一特定日期所拥有或控制的经济资源、所承担的现时义务和所有者对净资产的要求权的会计报表。

它能够提供企业在某一特定日期资产、负债和所有者权益的全貌,通过资产负债表所列示的相关内容有助于分析、评价并预测企业的财务弹性、资本结构及偿债能力。此外,通过资产负债表和利润表有关指标的结合分析,有助于评价、预测企业的获利能力和发展前景,从而有助于报表使用者做出经济决策。

(二) 资产负债表的结构

在我国,资产负债表按账户式反映,即报表分为左方和右方:左方列示资产各项目,反映全部资产的分布及存在形态;右方列示负债和所有者权益各项目,反映全部负债和所有者权益的内容及构成情况。左方和右方满足"资产=负债+所有者权益"平衡式。同时,资产负债表将各项目按"上年年末余额"和"期末余额"两栏分别填列,从而提供比较资料。

根据我国《企业会计准则》的规定,我国企业的资产负债表采用账户式结构,基本格式如表7-1和表7-2所示。

一般企业财务报表格式适用于未执行新金融准则、新收入准则的企业和新租赁准则的企业。

表7-1 资产负债表　　　　　　　　　　　　　　　　　　　　　会企01表

编制单位　　　　　　　　　　　　年　月　日　　　　　　　　　　　　　　单位:元

资产	期末余额	上年年末余额	负债和所有者权益(或股东权益)	期末余额	上年年末余额
流动资产:			流动负债:		
货币资金			短期借款		
以公允价值计量且其变动计入当期损益的金融资产			以公允价值计量且其变动计入当期损益的金融负债		
衍生金融资产			衍生金融负债		
应收票据			应付票据		
应收账款			应付账款		
预付款项			预收款项		
其他应收款			应付职工薪酬		
存货			应交税费		
持有待售资产			其他应付款		
一年内到期的非流动资产			持有待售负债		
其他流动资产			一年内到期的非流动负债		
流动资产合计			其他流动负债		
非流动资产:			流动负债合计		
可供出售金融资产			非流动负债:		

续表

资　产	期末余额	上年年末余额	负债和所有者权益（或股东权益）	期末余额	上年年末余额
持有至到期投资			长期借款		
长期应收款			应付债券		
长期股权投资			其中：优先股		
投资性房地产			永续债		
固定资产			长期应付款		
在建工程			预计负债		
生产性生物资产			递延收益		
油气资产			递延所得税负债		
无形资产			其他非流动负债		
开发支出			非流动负债合计		
商誉			负债合计		
长期待摊费用			所有者权益（或股东权益）：		
递延所得税资产			实收资本（或股本）		
其他非流动资产			其他权益工具		
非流动资产合计			其中：优先股		
			永续债		
			资本公积		
			减：库存股		
			其他综合收益		
			专项储备		
			盈余公积		
			未分配利润		
			所有者权益（或股东权益）合计		
资产总计			负债和所有者权益（或股东权益）总计		

一般企业财务报表格式适用于已执行新金融准则、新收入准则的企业和新租赁准则的企业。

表 7-2　资产负债表　　　　　　　　　　　会企 01 表

编制单位　　　　　　　　　　　年　月　日　　　　　　　　　　　单位：元

资产	期末余额	上年年末余额	负债和所有者权益（或股东权益）	期末余额	上年年末余额
流动资产：			流动负债：		
货币资金			短期借款		
交易性金融资产			交易性金融负债		
衍生金融资产			衍生金融负债		
应收票据			应付票据		
应收账款			应付账款		
应收款项融资					
预付款项			预收款项		
其他应收款			合同负债		
存货			应付职工薪酬		
合同资产			应交税费		
持有待售资产			其他应付款		
一年内到期的非流动资产			持有待售负债		
其他流动资产			一年内到期的非流动负债		
流动资产合计			其他流动负债		
非流动资产：			流动负债合计		
债权投资			非流动负债：		
其他债权投资			长期借款		
长期应收款			应付债券		
长期股权投资			其中：优先股		
其他权益工具投资			永续债		
			租赁负债		
其他非流动金融资产			长期应付款		
投资性房地产			预计负债		
固定资产			递延收益		
在建工程			递延所得税负债		
生产性生物资产			其他非流动负债		
油气资产			非流动负债合计		

续表

资　产	期末余额	上年年末余额	负债和所有者权益（或股东权益）	期末余额	上年年末余额
无形资产			负债合计		
开发支出			所有者权益（或股东权益）：		
商誉			实收资本（或股本）		
长期待摊费用			其他权益工具		
			其中：优先股		
			永续债		
递延所得税资产			资本公积		
其他非流动资产			减：库存股		
非流动资产合计			其他综合收益		
			专项储备		
			盈余公积		
			未分配利润		
			所有者权益（或股东权益）合计		
资产总计			负债和所有者权益（或股东权益）总计		

二、资产负债表的编制

（一）"上年年末余额"栏的填列方法

本表"上年年末余额"栏内各项目数字，应根据上年末资产负债表"期末余额"栏内所列数字填列。如果本年度资产负债表规定的项目名称和内容同上年度不一致，应对上年年末资产负债表相关项目的名称和数字按照本年度的规定进行调整，填入本表"上年年末余额"栏中；如果企业发生了会计政策变更、前期差错更正，则应当对"上年年末余额"栏中的有关项目进行相应调整。

（二）"期末余额"栏的填列方法

企业应当根据资产、负债和所有者权益类账户的期末余额填列资产负债表"期末余额"栏。

资产负债表填制方法如图7-5所示。

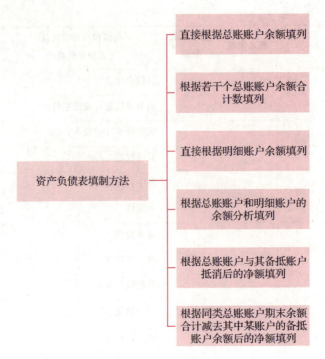

图 7-5　资产负债表填制方法

1. 根据总账账户期末余额直接填列

总分类账户和资产负债表项目形成对应关系，即总分类账簿中有什么账户，资产负债表就有什么项目，就可根据总分类账户余额，直接填列资产负债表项目。这些项目有短期借款、应付票据、应付职工薪酬、应交税费、实收资本、资本公积、盈余公积等。

☞提示

"以公允价值计量且其变动计入当期损益的金融资产"项目根据"交易性金融资产"账户的期末余额直接填列。

2. 根据同类总账账户期末余额合并计算填列

资产负债表项目包括多个总账账户内容，可将多个总分类账账户余额进行分析计算，将其计算结果进行报表项目填列。根据几个总账账户余额计算填列的项目有以下几个项目。

（1）"货币资金"项目：应根据"库存现金""银行存款""其他货币资金"等总分类账户的期末余额合计填列。

（2）"存货"项目：应根据"在途物资""原材料""周转材料""生产成本""库存商品""材料成本差异""存货跌价准备"等反映存货内容的总分类账户余额分析计算填列。

（3）"其他应付款"项目：应根据"应付利息""应付股利"和"其他应付款"科目的期末余额合计数填列。

（4）"未分配利润"项目：应根据"本年利润"和"利润分配"账户余额分析计算填列。编制1~11月份报表时，本项目应根据"本年利润"和"利润分配"账户余额分析计算填列；编制年末报表时，本项目可根据"利润分配"账户的期末余额直接填列。

3. 根据结算账户的有关明细账户期末余额分析计算填列

结算类账户必须根据其明细账的余额性质进行填列。在编制会计报表时，必须严格划分其"应收""应付""预收"与"预付"的性质，若上述账户所属明细账户为借方余额的，即为债权性质，则应作为资产的相关项目填列；若上述账户所属明细账户为贷方余额的，即为债务性质，则应作为负债的相关项目填列。根据有关明细账的余额分析计算填列的项目有以下几个。

（1）"应收账款"项目，反映资产负债表日以摊余成本计量的、企业因销售商品、提供服务等经营活动应收取的款项。该项目应根据"应收账款"和"预收账款"账户所属明细账的期末借方余额合计填列，并减去为该应收款计提的"坏账准备"账户的余额。

（2）"预付款项"项目，反映企业预付给供应单位的款项。本项目应根据"预付账款"和"应付账款"账户所属明细账的期末借方余额合计填列，并减去为该预付款计提的"坏账准备"账户的余额。

（3）"应付账款"行项目，反映资产负债表日企业因购买材料、商品和接受服务等经营活动应支付的款项。该项目应根据"应付账款"和"预付账款"科目所属的相关明细科目的期末贷方余额合计数填列。

（4）"预收款项"项目，反映企业预收购货单位的账款。本项目应根据"预收账款"和"应收账款"账户所属明细账的贷方余额合计填列。

4. 根据总账账户余额和所属明细账账户余额分析计算填列

根据会计的重要性信息质量要求，资产负债表中的一些项目将分别根据某项经济业务内容的明细分类账和总账账户余额分析计算填列。按照《企业会计准则第14号——收入》（2017年修订）的相关规定，确认为资产的合同履约成本，应当根据"合同履约成本"科目的明细科目初始确认时摊销期限是否超过1年或1个正常营业周期，在"存货"或"其他非流动资产"项目中填列，已计提减值准备的，还应减去"合同履约成本减值准备"科目中相关的期末余额后的金额填列。

"合同资产"和"合同负债"项目。企业应按照《企业会计准则第14号——收入》的相关规定，根据本企业履行履约义务与客户付款之间的关系在资产负债表中列示合同资产或合同负债。"合同资产"项目和"合同负债"项目，应分别根据"合同资产"科目和"合同负债"科目的相关明细科目期末余额分析填列，同一合同下的合同资产和合同负债应当以净额列示，其中净额为借方余额的，应当根据其流动性在"合同资产"或"其他非流动资产"项目中填列,已计提减值准备的,还应按减去"合同资产减值准备"科目中相关的期末余额后的金额填列;净额为贷方余额的,应当根据其流动性在"合同负债"或"其他非流动负债"项目填列。

5. 根据有关账户余额减去其备抵账户余额后的净额填列

有些项目,需要根据账户余额减去备抵账户后的净额填列。例如,"固定资产"项目,反映资产负债表日企业固定资产的期末账面价值和企业尚未清理完毕的固定资产清理净损益。该项目应根据"固定资产"科目的期末余额,减去"累计折旧"和"固定资产减值准备"科目的期末余额后的金额,以及"固定资产清理"科目的期末余额填列。

"无形资产"项目:应根据"无形资产"账户期末余额减去"累计摊销""无形资产减值准备"备抵账户余额后的净额填列。

"长期股权投资"项目:应根据"长期股权投资"账户的期末余额减去"长期股权投资减值准备"账户的期末余额后的净额填列。

例如,期末结账后,有关账户账面金额为:"固定资产"借方 500 000 元,"累计折旧"贷方 100 000 元,"固定资产减值准备"贷方 50 000 元,"固定资产清理"科目的期末余额为 0。则资产负债表中"固定资产"项目的期末余额应填列为:500 000-100 000-50 000=350 000 元。

6. 根据同类总账账户期末余额合计减去其中某账户的备抵账户余额后的净额填列

(1) "其他应收款"行项目:应根据"应收利息""应收股利"和"其他应收款"科目的期末余额合计数,减去"坏账准备"科目中相关坏账准备期末余额后的金额填列。

(2) "长期应付款"行项目,反映资产负债表日企业除长期借款和应付债券以外的其他各种长期应付款项的期末账面价值。该项目应根据"长期应付款"科目的期末余额,减去相关的"未确认融资费用"科目的期末余额后的金额,以及"专项应付款"科目的期末余额填列。

(3) "在建工程"行项目:反映资产负债表日企业尚未达到预定可使用状态的在建工程的期末账面价值和企业为在建工程准备的各种物资的期末账面价值。该项目应根据"在建工程"科目的期末余额,减去"在建工程减值准备"科目的期末余额后的金额,以及"工程物资"科目的期末余额,减去"工程物资减值准备"科目的期末余额后的金额填列。

(三) 资产负债表主要项目的填列方法

根据《企业会计准则》,资产负债表中主要项目的填列方法如下。

1. 资产项目

(1) "货币资金"项目:反映企业库存现金、银行结算户存款、外埠存款、银行汇票存款、银行本票存款、信用卡存款、信用证保证金存款、存出投资款等的合计数。本项目应根据"库存现金""银行存款""其他货币资金"账户的期末余额合计数填列。

（2）"以公允价值计量且其变动计入当期损益的金融资产"项目：反映企业持有的以公允价值计量且其变动计入当期损益的为交易目的所持有的债券投资、股票投资、基金投资等金融资产。本项目应根据"交易性金融资产"账户的期末余额直接填列。

（3）"应收票据"行项目，反映资产负债表日以摊余成本计量的、企业因销售商品、提供服务等收到的商业汇票，包括银行承兑汇票和商业承兑汇票。该项目应根据"应收票据"科目的期末余额，减去"坏账准备"科目中相关坏账准备期末余额后的金额填列。

（4）"应收账款"项目，反映资产负债表日以摊余成本计量的、企业因销售商品、提供服务等经营活动应收取的款项。该项目应根据"应收账款"科目与"预收账款"科目所属明细借方余额合计数，减去"坏账准备"科目中相关坏账准备期末余额后的金额填列。

（5）"预付款项"项目，反映企业按照合同规定预付的款项。本项目应根据"预付账款"和"应付账款"账户所属各明细账户的期末借方余额合计数，减去"坏账准备"账户中有关预付账款计提的坏账准备期末余额后的净额填列。如"预付账款"账户所属有关明细账户期末有贷方余额的，应在本表"应付账款"项目内填列。

（6）"其他应收款"项目，应根据"应收利息""应收股利"和"其他应收款"科目的期末余额合计数，减去"坏账准备"科目中相关坏账准备期末余额后的金额填列。

（7）"存货"项目，反映企业期末在库、在途和在加工中的各项存货的可变现净值，包括各种材料、商品、在产品、半成品、周转材料、发出商品、委托代销商品等。本项目应根据"原材料""材料采购""周转材料""库存商品""发出商品""委托加工物资""委托代销商品""生产成本""受托代销商品"等账户的期末余额合计，减去"受托代销商品款""存货跌价准备"账户期末余额后的净额填列。材料采用计划成本核算，以及库存商品采用计划成本或售价核算的企业，还应按加或减材料成本差异、商品进销差价后的金额填列。

（8）"持有待售资产"行项目，反映资产负债表日划分为持有待售类别的非流动资产及划分为持有待售类别的处置组中的流动资产和非流动资产的期末账面价值。该项目应根据"持有待售资产"科目的期末余额，减去"持有待售资产减值准备"科目的期末余额后的金额填列。

☞ 提示

"持有待售资产"项目为新财务报告格式的变化内容。

（9）"一年内到期的非流动资产"项目：反映企业将于一年内到期的非流动资产项目金额。本项目应根据相关的非流动资产账户期末余额分析填列。

（10）"债权投资"项目，反映资产负债表日企业以摊余成本计量的长期债权投资的期末账面价值。本项目应根据"债权投资"科目的相关明细科目期末余额,减去"债权投资减值准备"科目中相关减值准备的期末余额后的金额分析填列。

(11)"其他债权投资"项目,反映资产负债表日企业分类为以公允价值计量且其变动计入其他综合收益的长期债权投资的期末账面价值。本项目应根据"其他债权投资"科目的相关明细科目期末余额分析填列。企业购入的以公允价值计量且其变动计入其他综合收益的1年内到期的债权投资的期末账面价值,在"其他流动资产"项目反映。

(12)"长期应收款"项目:反映企业融资租赁产生的应收款项、采用递延方式具有融资性质的销售商品和提供劳务等产生的应收款项。本项目应根据"长期应收款"账户的期末余额,减去相应的"未实现融资收益"账户和"坏账准备"账户中有关长期应收款计提的坏账准备期末余额后的净额填列。

(13)"长期股权投资"项目:反映企业持有的对子公司、联营企业和合营企业的权益性投资。本项目应根据"长期股权投资"账户的期末余额,减去"长期股权投资减值准备"账户期末余额后的净额填列。

(14)"投资性房地产"项目:反映企业为赚取租金或资本增值,或者两者兼有而持有的房地产的成本或公允价值,包括已出租的土地使用权、持有并准备增值后转让的土地使用权及已出租的建筑物等。本项目应根据"投资性房地产"账户的期末余额,减去"投资性房地产累计折旧(摊销)"和"投资性房地产减值准备"账户期末余额后的净额填列。

(15)"固定资产"行项目:反映资产负债表日企业固定资产的期末账面价值和企业尚未清理完毕的固定资产清理净损益。该项目应根据"固定资产"科目的期末余额,减去"累计折旧"和"固定资产减值准备"科目的期末余额后的金额,以及"固定资产清理"科目的期末余额填列。

> ☞ 提示
>
> "固定资产"项目为新财务报告格式的变化内容。

(16)"在建工程"行项目:反映资产负债表日企业尚未达到预定可使用状态的在建工程的期末账面价值和企业为在建工程准备的各种物资的期末账面价值。该项目应根据"在建工程"科目的期末余额,减去"在建工程减值准备"科目的期末余额后的金额,以及"工程物资"科目的期末余额,减去"工程物资减值准备"科目的期末余额后的金额填列。

(17)"无形资产"项目:反映企业持有的各项无形资产。本项目应根据"无形资产"账户的期末余额,减去"累计摊销"和"无形资产减值准备"账户期末余额后的净额填列。

(18)"开发支出"项目:反映企业开发无形资产过程中发生的能够资本化形成无形资产成本的支出。本项目应根据"研发支出"账户中所属的"资本化支出"明细账户期末余额填列。

(19)"长期待摊费用"项目：反映企业已经发生但应由本期和以后各期负担的分摊期限在一年以上的各种费用，如以经营租赁方式租入固定资产的改良支出等。本项目应根据"长期待摊费用"账户的期末余额，减去将于一年内（含一年）摊销的数额之后的金额分析填列。长期待摊费用中在一年内（含一年）摊销的部分，在本表"一年内到期的非流动资产"项目内填列。

(20)"递延所得税资产"项目：反映企业确认的可抵扣暂时性差异产生的递延所得税资产。本项目应根据"递延所得税资产"账户的期末借方余额填列。

(21)"其他非流动资产"项目：反映企业除以上资产以外的其他长期资产。本项目应根据有关账户的期末余额填列。如果其他长期资产价值较大的，则应在会计报表附注中披露其内容和金额。

2. 负债项目

(1)"短期借款"项目：反映企业向银行或其他金融机构等借入的期限在一年期以下（含一年）的借款。本项目应根据"短期借款"账户的期末余额填列。

(2)"以公允价值计量且其变动计入当期损益的金融负债"项目：反映企业承担的以公允价值计量且其变动计入当期损益的金融负债。本项目根据"交易性金融负债"账户的期末余额填列。

(3)"应付票据"项目，反映资产负债表日以摊余成本计量的、企业因购买材料、商品和接受服务等开出、承兑的商业汇票，包括银行承兑汇票和商业承兑汇票。该项目应根据"应付票据"科目的期末余额填列。

(4)"应付账款"项目，反映资产负债表日以摊余成本计量的、企业因购买材料、商品和接受服务等经营活动应支付的款项。该项目应根据"应付账款"和"预付账款"科目所属的相关明细科目的期末贷方余额合计数填列。

(5)"预收款项"项目：反映企业按合同规定预收的款项。本项目应根据"预收账款"和"应收账款"账户所属各有关明细账户的期末贷方余额合计数填列。如果"预收账款"账户所属明细账户期末有借方余额的，则应在本表"应收账款"项目内填列。

(6)"应付职工薪酬"项目：反映企业将于资产负债表日后12个月内支付的职工薪酬。本项目应根据"应付职工薪酬"账户明细账户的期末贷方余额分析填列。企业将于资产负债表日起12个月之后支付的职工薪酬应在本表中的非流动负债中反映。如果"应付职工薪酬"账户期末为借方余额，则以"-"号填列。

(7)"应交税费"项目：反映企业按照税法规定计算应缴纳的各种税费。企业代扣代缴的个人所得税，也通过本项目列示。本项目应根据"应交税费"账户的期末贷方余额填列，如果"应交税费"账户期末为借方余额，则以"-"号填列。

> ☞ **知识链接**
>
> "应交税费"账户下的"应交增值税""未交增值税""待抵扣进项税额""待认证进项税额"等明细账户期末借方余额应根据情况,在"其他流动资产"或"其他非流动资产"项目列示;"应交税费——待转销项税额"等账户期末贷方余额应根据情况,在"其他流动负债"或"其他非流动负债"项目列示;"应交税费"账户下的"未交增值税""简易计税""转让金融商品应交增值税""代扣代交增值税"等账户期末贷方余额在"应交税费"项目列示。

(8)"其他应付款"项目:应根据"应付利息""应付股利"和"其他应付款"科目的期末余额合计数填列。

(9)"持有待售负债"行项目:反映资产负债表日处置组中与划分为持有待售类别的资产直接相关的负债的期末账面价值。该项目应根据"持有待售负债"科目的期末余额填列。

(10)"一年内到期的非流动负债"项目:反映企业核算的非流动负债在资产负债表日后一年内到期部分的金额。本项目应根据相关的非流动负债账户期末余额分析填列。

(11)"长期借款"项目:反映企业向银行或其他金融机构借入的期限在一年期以上(不含一年)的借款。本项目应根据"长期借款"账户的期末余额填列。

(12)"应付债券"项目:反映企业为筹集长期资金而发行的债券。本项目应根据"应付债券"账户的期末余额填列。

(13)"长期应付款"行项目:反映资产负债表日企业除长期借款和应付债券以外的其他各种长期应付款项的期末账面价值。该项目应根据"长期应付款"科目的期末余额,减去相关的"未确认融资费用"科目的期末余额后的金额,以及"专项应付款"科目的期末余额填列。

(14)"预计负债"项目:反映企业已确认尚未支付的预计负债。本项目应根据"预计负债"账户的期末余额填列。

(15)"递延收益"项目:反映企业尚未确认的各项收入或收益。本项目应根据"递延收益"账户的期末余额填列。

(16)"递延所得税负债"项目:反映企业已确认的应纳税暂时性差异产生的递延所得税负债。本项目应根据"递延所得税负债"账户的期末余额填列。

(17)"其他非流动负债"项目:反映企业除以上长期负债项目以外的其他长期负债。本项目应根据有关账户的期末余额填列。如果其他长期负债价值较大的,则应在会计报表附注中披露其内容和金额。

上述长期负债各项目中将于一年内(含一年)到期的非流动负债,应在"一年内到期的非流动负债"项目内单独反映。上述非流动负债各项目均应根据有关账户期末余额减去将于一年内（含一年）到期的非流动负债后的金额填列。

3. 所有者权益项目

（1）"实收资本（或股本）"项目：反映企业各投资者实际投入的资本（或股本）总额。本项目应根据"实收资本"（或"股本"）账户的期末余额填列。

（2）"资本公积"项目：反映企业资本公积的期末余额。本项目应根据"资本公积"账户的期末余额填列。

（3）"库存股"项目：反映企业持有尚未转让或注销的本公司股份金额。本项目根据"库存股"账户的期末余额填列。

（4）"其他综合收益"项目：反映企业根据会计准则规定未在当期损益中确认的各项利得和损失的期末余额。本项目应根据"其他综合收益"账户的期末余额填列。

（5）"盈余公积"项目：反映企业盈余公积的期末余额。本项目应根据"盈余公积"账户的期末余额填列。

（6）"未分配利润"项目：反映企业尚未分配的利润。本项目应根据"本年利润"账户和"利润分配"账户的余额计算填列。未弥补的亏损在本项目内以"-"号填列。

三、编制资产负债表举例

【例 7-1】根据下列资料，编制晋华公司 2019 年 12 月份的资产负债表。

（1）晋华公司 12 月份总账及明细分类账户余额如表 7-3 所示。

表 7-3　账户余额表

单位：元

账户名称	期末余额	
	借方	贷方
库存现金	7 000	
银行存款	450 000	
其他货币资金	205 000	
应收票据	135 000	
应收账款	56 000	
预付账款	10 000	
在途物资	18 000	
原材料	160 000	
自制半成品	35 000	
库存商品	71 000	
长期股权投资	180 000	

续表

账户名称	期末余额	
	借方	贷方
固定资产	1 000 000	
累计折旧		288 000
固定资产清理	150 000	
在建工程	60 000	
工程物资	40 000	
无形资产	60 000	
短期借款		100 000
应付账款		20 000
预收账款		15 000
应付职工薪酬		180 000
应交税费		44 000
长期借款		230 000
实收资本		1 200 000
盈余公积		500 000
利润分配		60 000
合计	2 637 000	2 637 000

（2）债权债务明细科目余额如表7-4所示。

表7-4 债权债务明细科目余额

单位：元

总账账户	所属明细账户	期末余额	
		借方	贷方
应收账款	A公司	38 000	
	B公司		12 000
	C公司	30 000	
预付账款	D公司	10 000	
应付账款	E公司		30 000
	F公司	10 000	
预收账款	G公司		26 000
	H公司	11 000	

根据上述资料，编制该公司2019年12月31日资产负债表如表7-5所示。

表 7-5　资产负债表

会企 01 表

编制单位：晋华公司　　2019 年 12 月 31 日　　单位：元

资　产	期末余额	上年年末余额	负债和所有者权益（或股东权益）	期末余额	上年年末余额
流动资产：			流动负债：		
货币资金	662 000		短期借款	100 000	
交易性金融资产			交易性金融负债		
衍生金融资产			衍生金融负债		
应收票据	135 000		应付票据		
应收账款	79 000		应付账款	30 000	
应收款项融资			预收款项	38 000	
预付款项	20 000		合同负债		
其他应收款			应付职工薪酬	180 000	
存货	284 000		应交税费	44 000	
合同资产			其他应付款		
持有待售资产			持有待售负债		
一年内到期的非流动资产			一年内到期的非流动负债		
其他流动资产			其他流动负债		
流动资产合计	1 180 000		流动负债合计	392 000	
非流动资产：			非流动负债：		
债权投资			长期借款	230 000	
其他债权投资			应付债券		
长期应收款			其中：优先股		
长期股权投资	180 000		永续债		
其他权益工具投资			租赁负债		
其他非流动金融资产			长期应付款		
投资性房地产			预计负债		
固定资产	862 000		递延收益		
在建工程	100 000		递延所得税负债		
生产性生物资产			其他非流动负债		
油气资产			非流动负债合计	230 000	
使用权资产			负债合计	622 000	

续表

资产	期末余额	上年年末余额	负债和所有者权益（或股东权益）	期末余额	上年年末余额
无形资产	60 000		所有者权益（或股东权益）：		
开发支出			实收资本（或股本）	1 200 000	
商誉			其他权益工具		
长期待摊费用			其中：优先股		
递延所得税资产			永续债		
其他非流动资产			资本公积		
非流动资产合计	1 202 000		减：库存股		
			专项储备		
			盈余公积	500 000	
			其他综合收益		
			未分配利润	60 000	
			所有者权益（或股东权益）合计	1 760 000	
资产总计	2 382 000		负债和所有者权益（或股东权益）总计	2 382 000	

其中，资产负债表主要项目计算过程如下。

"货币资金"项目金额＝7 000+450 000+205 000＝662 000（元）

"应收账款"项目金额＝38 000+30 000+11 000＝79 000（元）

"预付款项"项目金额＝10 000+10 000＝20 000（元）

"存货"项目金额＝18 000+160 000+35 000+71 000＝284 000（元）

"流动资产合计"项目金额＝662 000+135 000+79 000+20 000+284 000＝1 180 000（元）

"固定资产"项目金额＝1 000 000－288 000+150 000＝862 000（元）

"在建工程"项目金额＝60 000+40 000＝100 000

"非流动资产合计"项目金额＝180 000+862 000+100 000+60 000＝1 202 000（元）

"资产总计"项目金额＝1 180 000+1 202 000＝2 382 000（元）

"预收账款"项目金额＝26 000+12 000＝38 000（元）

"流动负债合计"项目金额＝100 000+30 000+38 000+180 000+44 000+100 000＝492 000（元）

"长期借款"项目金额＝230 000（元）

"负债合计"项目金额＝392 000+230 000＝622 000（元）

"所有者权益合计"项目金额=1 200 000+500 000+60 000=1 760 000（元）

"负债和所有者权益总计"项目金额=622 000+1 760 000=2 382 000（元）

任务三　编制利润表

引导案例

为了反映本企业一定会计期间的经营成果，小王决定编制利润表，小王发现利润表中的项目有营业利润、利润总额和净利润，小王不明白这3个利润的区别与联系。利润表中的项目需要根据损益类账户的发生额来填列，小王不知道具体的填制方法。

想一想：3个利润有什么区别与联系？怎样根据账户发生额填列利润表呢？

一、利润表的内容和结构

（一）利润表的内容

利润表是指反映企业一定会计期间经营成果的会计报表。通过利润表反映的收入、费用、利润的数额和构成情况，能够反映企业经营的业绩和管理者的经营能力；通过利润表的分析，可以评价企业的获利能力，预测企业的经营前途及利润增减趋势。

根据我国《企业会计准则》的规定，企业利润表主要包括以下7个方面的内容。

1. 营业收入

营业收入=主营业务收入+其他业务收入

2. 营业利润

营业利润=营业收入-营业成本-税金及附加-销售费用-管理费用-研发费用-财务费用-资产减值损失-信用减值损失+其他收益+投资收益（-投资损失）+净敞口套期收益（-净敞口套期损失）+公允价值变动收益（-公允价值变动损失）+资产处置收益（-资产处置损失）

> ☞ **提示**
>
> "研发费用"由"管理费用"科目下的"研发费用"明细科目的发生额得到。所以此处的管理费用金额不包括研发费用金额。

3. 利润总额

利润总额=营业利润+营业外收入-营业外支出

项目七　编制财务报表

4. 净利润

$$净利润 = 利润总额 - 所得税费用$$

5. 其他综合收益的税后净额

本项目反映企业根据会计准则规定未在当期损益中确认的各项利得和损失扣除所得税影响后的净额。这包括以后不能重分类进损益的其他综合收益和以后将重分类进损益的其他综合收益。

6. 综合收益总额

$$综合收益总额 = 净利润 + 其他综合收益扣除所得税影响后的净额$$

7. 每股收益

每股收益包括基本每股收益和稀释每股收益两项指标。

（二）利润表的结构

我国企业的利润表采用多步式格式。多步式利润表是从营业收入开始，依次分步计算出营业利润、利润总额及净利润。

二、利润表的编制

（一）"上期金额"栏填列方法

本表"上期金额"栏内各项目数字，应根据上年该期利润表"本期金额"栏内所列数字填列。

（二）"本期金额"栏填列方法

本表"本期金额"栏内各期数字，除"基本每股收益"和"稀释每股收益"项目外，还应当按照相关账户的发生额分析填列。

1. "营业收入"项目

本项目反映企业经营主要业务和其他业务所取得的收入总额。本项目应根据"主营业务收入"和"其他业务收入"账户的发生额分析填列。

2. "营业成本"项目

本项目反映企业经营主要业务和其他业务所发生的成本总额。本项目应根据"主营业务成本"和"其他业务成本"账户的发生额分析填列。

3. "税金及附加"项目

本项目反映企业经营业务应负担的消费税、城市维护建设税、资源税、土地增值税和教育费附加等。本项目应根据"税金及附加"账户的发生额分析填列。

4. "销售费用"项目

本项目反映企业在销售商品过程中发生的包装费、广告费等费用和为销售商品而专设的销售机构的职工薪酬、业务费等经营费用。本项目应根据"销售费用"账户的发生额分析填列。

5. "管理费用"项目

本项目反映企业为组织和管理企业生产经营所发生的管理费用。本项目应根据"管理费用"账户的发生额分析填列。

6. "研发费用"行项目

本项目反映企业进行研究与开发过程中发生的费用化支出以及计入管理费用的自行开发无形资产的摊销。该项目应根据"管理费用"科目下的"研发费用"明细科目的发生额以及"管理费用"科目下的"无形资产摊销"明细科目的发生额分析填列。

7. "财务费用"项目

本项目反映企业为筹集生产经营所需资金等而发生的筹资费用。本项目应根据"财务费用"账户的发生额分析填列。

其中"财务费用"项目下的"利息费用"项目,反映企业为筹集生产经营所需资金等而发生的应予费用化的利息支出。该项目应根据"财务费用"科目的相关明细科目的发生额分析填列。该项目作为"财务费用"项目的其中项,以正数填列。

其中"财务费用"项目下的"利息收入"项目,反映企业按照相关会计准则确认的应冲减财务费用的利息收入。该项目应根据"财务费用"科目的相关明细科目的发生额分析填列。该项目作为"财务费用"项目的其中项,以正数填列。

8. "资产减值损失"项目

本项目反映企业计提各项资产减值准备所形成的损失。本项目应根据"资产减值损失"账户的发生额分析填列。

9. "其他收益"行项目

本项目反映计入其他收益的政府补助等。本项目应根据"其他收益"科目的发生额分析填列。

10. "投资收益"项目

本项目反映企业确认的投资收益或投资损失。本项目应根据"投资收益"账户的发生额分析填列;如果为投资损失,则以"-"号填列。

11. "公允价值变动收益"项目

本项目反映企业交易性金融资产、交易性金融负债、采用公允价值模式计量的投资性房地产等公允价值变动形成的应计入当期损益的利得或损失。本项目应根据"公允价值变动损益"账户分析填列;如果为公允价值变动损失,则以"-"号填列。

12. "资产处置收益"项目

本项目反映企业出售划分为持有待售的非流动资产(金融工具、长期股权投资和投资性房地产除外）或处置组（子公司和业务除外）时确认的处置利得或损失，以及处置未划分为持有待售的固定资产、在建工程、生产性生物资产及无形资产而产生的处置利得或损失。债务重组中因处置非流动资产产生的利得或损失和非货币性资产交换中换出非流动资产产生的利得或损失也包括在本项目内。本项目应根据"资产处置损益"科目的发生额分析填列；如果为处置损失，则以"-"号填列。

13. "营业利润"项目

本项目反映企业营业活动产生的利润。如果为亏损，则以"-"号填列。

14. "营业外收入"项目

本项目反映企业发生的除营业利润以外的收益，主要包括债务重组利得、与企业日常活动无关的政府补助、盘盈利得、捐赠利得（企业接受股东或股东的子公司直接或间接的捐赠，经济实质属于股东对企业的资本性投入的除外）等。本项目应根据"营业外收入"科目的发生额分析填列。

15. "营业外支出"行项目

本项目反映企业发生的除营业利润以外的支出，主要包括债务重组损失、公益性捐赠支出、非常损失、盘亏损失、非流动资产毁损报废损失等。本项目应根据"营业外支出"科目的发生额分析填列。

16. "利润总额"项目

本项目反映企业实现的利润总额。如果为亏损总额，则以"-"号填列。

17. "所得税费用"项目

本项目反映企业应从当期利润中扣除的所得税费用。本项目应根据"所得税费用"账户的发生额分析填列。

18. "净利润"项目

本项目反映企业实现的净利润。如果为净亏损，则以"-"号填列。

其他项目略。

三、编制利润表举例

【例7-2】根据下列资料，编制晋华公司2019年12月份的利润表。

晋华公司2019年12月份损益类账户发生额的资料如表7-6所示。

任务三 编制利润表

表 7-6　晋华公司 2019 年 12 月份损益类账户发生额

单位：元

账户名称	借方	贷方
主营业务收入		12 500 000
其他业务收入		230 000
投资收益		3 200 000
营业外收入		2 850 000
主营业务成本	8 320 000	
其他业务成本	180 000	
税金及附加	550 000	
销售费用	200 000	
管理费用	1 050 000	
财务费用	1 000 000	
营业外支出	2 000 000	
所得税费用	1 370 000	

根据上述资料，计算各项目内容如下。

营业收入 = 12 500 000 + 230 000 = 12 730 000（元）

营业成本 = 8 320 000 + 180 000 = 8 500 000（元）

营业利润 = 12 730 000 - 8 500 000 - 550 000 - 200 000 - 1 050 000 - 1 000 000 + 3 200 000 = 4 630 000（元）

利润总额 = 4 630 000 + 2 850 000 - 2 000 000 = 5 480 000（元）

净利润 = 5 480 000 - 1 370 000 = 4 110 000（元）

现编制晋华公司 12 月份利润表如表 7-7 所示。

一般企业财务报表格式适用于未执行新金融准则、新收入准则的和新融资租赁企业。

> ☞ 提示
>
> 利润表一般根据损益类账户的发生额来分析填列。

表 7-7 利润表

会企 02 表

编制单位：晋华毛纺织有限责任公司　　2019 年度　　单位：元

项　目	本期金额	上期金额
一、营业收入	12 730 000	
减：营业成本	8 500 000	
税金及附加	550 000	
销售费用	200 000	
管理费用	1 050 000	
研发费用		
财务费用	1 000 000	
其中：利息费用		
利息收入		
加：其他收益		
投资收益（损失以"-"号填列）	3 200 000	
其中：对联营企业和合营企业的投资收益		
公允价值变动收益（损失以"-"号填列）		
资产减值损失		
资产处置收益		
二、营业利润（亏损以"-"号填列）	4 630 000	
加：营业外收入	2 850 000	
减：营业外支出	2 000 000	
三、利润总额（亏损总额以"-"号填列）	5 480 000	
减：所得税费用	1 370 000	
四、净利润（净亏损以"-"号填列）	4 110 000	
（一）持续经营净利润（净亏损以"-"号填列）		
（二）终止经营净利润（净亏损以"-"号填列）		
五、其他综合收益的税后净额		
（一）以后不能重分类进损益的其他综合收益		
1. 重新计量设定受益计划的变动额		
2. 权益法下不能转损益的其他综合收益		
……		
（二）将重分类进损益的其他综合收益		
1. 权益法下可转损益的其他综合收益中		
2. 可供出售金融资产公允价值变动损益		

续表

项 目	本期金额	上期金额
3. 持有至到期投资重分类为可供出售金融资产损益		
4. 现金流量套期损益的有效部分		
5. 外币财务报表折算差额		
……		
六、综合收益总额		
七、每股收益		
（一）基本每股收益		
（二）稀释每股收益		

知识拓展

一般企业财务报表格式适用于已执行新金融准则、新收入准则的企业。

表 7-8　利润表

会企02表

编制单位：　　　　　　　　　　　　年度　　　　　　　　　　　　单位：元

项 目	本期金额	上期金额
一、营业收入		
减：营业成本		
税金及附加		
销售费用		
管理费用		
研发费用		
财务费用		
其中：利息费用		
利息收入		
加：其他收益		
投资收益（损失以"-"号填列）		
其中：对联营企业和合营企业的投资收益		
以摊余成本计量的金融资产终止确认收益（损失以"-"号填列）		
净敞口套期收益（损失以"-"号填列）		
公允价值变动收益（损失以"-"号填列）		
信用减值损失（损失以"-"号填列）		
资产减值损失损失以"-"号填列		

续表

项 目	本期金额	上期金额
资产处置收益（损失以"-"号填列）		
二、营业利润（亏损以"-"号填列）		
加：营业外收入		
减：营业外支出		
三、利润总额（亏损总额以"-"号填列）		
减：所得税费用		
四、净利润（净亏损以"-"号填列）		
（一）持续经营净利润（净亏损以"-"号填列）		
（二）终止经营净利润（净亏损以"-"号填列）		
五、其他综合收益的税后净额		
（一）不能重分类进损益的其他综合收益		
1. 重新计量设定受益计划的变动额		
2. 权益法下不能转损益的其他综合收益		
3. 其他权益工具投资公允价值变动		
4. 企业自身信用风险公允价值变动		
……		
（二）将重分类进损益的其他综合收益		
1. 权益法下可转损益的其他综合收益		
2. 其他债权投资公允价值变动		
3. 金融资产重分类计入其他综合收益的金额		
4. 其他债权投资信用减值准备		
5. 现金流量套期储备		
6. 外币财务报表折算差额		
……		
六、综合收益总额		
七、每股收益		
（一）基本每股收益		
（二）稀释每股收益		

任务四 编制现金流量表

引导案例

小王认为有资产负债表和利润表反映企业的财务状况和经营成果，不需要其他的报表，小李认为还需要填制现金流量表，现金流量表反映企业的现金流量情况。

想一想：谁的说法正确？如果错误的话，那么正确的说法是什么？

一、现金流量表的概念和结构

（一）现金流量表的概念

现金流量表是指反映企业在一定会计期间现金和现金等价物的流入和流出的报表。通过现金流量表提供的信息，报表使用者可以了解和评价企业获得现金和现金等价物的能力，并据以预测企业未来现金流量。

现金是指企业库存现金及可以随时用于支付的存款，包括库存现金、银行存款和其他货币资金等。不能随时用于支付的存款不属于现金。

现金等价物是指企业持有的期限短、流动性强、易于转换为已知金额现金、价值变动风险很小的投资。期限短，一般是指从购买日起3个月内到期。现金等价物通常包括3个月内到期的债券投资等。权益性投资变现的金额通常不确定，因而不属于现金等价物。企业应当根据具体情况，确定现金等价物的范围，一经确定不得随意变更。

现金流量是指企业一定会计期间内现金流入和流出的数量。

☞ **提示**

企业从银行提取现金、用现金购买短期到期的国债等现金或现金等价物之间的转换不属于现金流量。

现金流量表应按照企业经济业务发生的性质将产生的现金流量划分为3类，如图7-6所示。

图7-6 现金流量分类

1. 经营活动产生的现金流量

经营活动是指企业投资活动和筹资活动以外的所有交易和事项，包括销售商品或提供劳务、购买商品或接受劳务、支付职工薪酬和各项税费等流入和流出现金和现金等价物的活动或事项。

2. 投资活动产生的现金流量

投资活动是指企业长期资产购建和不包括在现金等价物范围内的投资及其处置活动，包括购建长期资产、处置子公司及其他营业单位等流入和流出现金和现金等价物的活动或事项。

3. 筹资活动产生的现金流量

筹资活动是指导致企业资本及债务规模和构成发生变化的活动，包括吸收投资、发行债券、借入资金、支付股利、偿还债务等流入和流出现金和现金等价物的活动或事项。

（二）现金流量表的结构

我国现金流量表采用报告式结构，分类反映经营活动产生的现金流量、投资活动产生的现金流量和筹资活动产生的现金流量，最后汇总反映企业某一期间现金及现金等价物的净增加额。

现金流量表的基本格式如表7-9和表7-10所示。

表7-9　现金流量表　　　　　　　　　　　　　　会企03表

编制单位：　　　　　　　　　年度　　　　　　　　　　单位：元

项　目	本期金额	上期金额
一、经营活动产生的现金流量：		
销售商品、提供劳务收到的现金		
收到的税费返还		
收到其他与经营活动有关的现金		
经营活动现金流入小计		
购买商品、接受劳务支付的现金		
支付给职工以及为职工支付的现金		
支付的各项税费		
支付其他与经营活动有关的现金		
经营活动现金流出小计		
经营活动产生的现金流量净额		
二、投资活动产生的现金流量		
收回投资收到的现金		
取得投资收益收到的现金		
处置固定资产、无形资产和其他长期资产收回的现金净额		

续表

项　目	本期金额	上期金额
处置子公司及其他营业单位收到的现金净额		
收到其他与投资活动有关的现金		
投资活动现金流入小计		
购建固定资产、无形资产和其他长期资产支付的现金		
投资支付的现金		
取得子公司及其他营业单位支付的现金净额		
支付其他与投资活动有关的现金		
投资活动现金流出小计		
投资活动产生的现金流量净额		
三、筹资活动产生的现金流量		
吸收投资收到的现金		
取得借款收到的现金		
收到其他与筹资活动有关的现金		
筹资活动现金流入小计		
偿还债务支付的现金		
分配股利、利润或偿付利息支付的现金		
支付其他与筹资活动有关的现金		
筹资活动现金流出小计		
筹资活动产生的现金流量净额		
四、汇率变动对现金及现金等价物的影响		
五、现金及现金等价物净增加额		
加：期初现金及现金等价物余额		
六、期末现金及现金等价物余额		

表 7-10　现金流量表补充资料

单位：元

项　目	本期金额	上期金额
1. 将净利润调节为经营活动现金流量：		
净利润		
加：资产减值准备		
固定资产折旧、油气资产折耗、生产性生物资产折旧		
无形资产摊销		
长期待摊费用摊销		
处置固定资产、无形资产和其他长期资产的损失（收益以"-"号填列）		
固定资产报废损失（收益以"-"号填列）		

续表

项目	本期金额	上期金额
公允价值变动损失（收益以"-"号填列）		
财务费用（收益以"-"号填列）		
投资损失（收益以"-"号填列）		
递延所得税资产减少（增加以"-"号填列）		
递延所得税负债增加（减少以"-"号填列）		
存货的减少（增加以"-"号填列）		
经营性应收项目的减少（增加以"-"号填列）		
经营性应付项目的增加（减少以"-"号填列）		
其他		
经营活动产生的现金流量净额		
2. 不涉及现金收支的重大投资和筹资活动：		
债务转为资本		
一年内到期的可转换公司债券		
融资租入固定资产		
3. 现金及现金等价物净变动情况：		
现金的期末余额		
减：现金的期初余额		
加：现金等价物的期末余额		
减：现金等价物的期初余额		
现金及现金等价物净增加额		

二、现金流量表的编制方法

在具体编制现金流量表时，企业可根据业务量的大小及复杂程度，采用工作底稿法、T形账户法，或者直接根据有关账户的记录分析填列。

现金流量表的编制方法如图 7-7 所示。

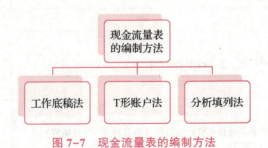

图 7-7　现金流量表的编制方法

（一）工作底稿法

工作底稿法是以工作底稿为手段，以利润表和资产负债表数据为基础，结合有关账户的记录，对现金流量表的每一项目进行分析并编制调整分录，从而编制现金流量表的一种方法。

采用工作底稿法编制现金流量表的步骤如下。

第一步，将资产负债表的期初数和期末数过入工作底稿的期初数栏和期末数栏。

第二步，对当期业务进行分析并编制调整分录。调整分录大体包括：第一类涉及利润表中的收入、成本和费用项目，以及资产负债表中的资产、负债及所有者权益项目，通过调整，将权责发生制下的收入费用转换为现金基础；第二类涉及资产负债表和现金流量表中的投资、筹资项目，反映投资和筹资活动的现金流量；第三类涉及利润表和现金流量表中的投资和筹资项目，目的是将利润表中有关投资和筹资方面的收入和费用列入现金流量表的投资、筹资现金流量中去。此外，还有一些调整分录并不涉及现金收支，只是为了核对资产负债表项目的期末期初变动数。

在调整分录中，有关现金和现金等价物的事项，并不直接借记或贷记现金，而是分别计入"经营活动产生的现金流量""投资活动产生的现金流量""筹资活动产生的现金流量"有关项目，借记表明现金流入，贷记表明现金流出。

第三步，将调整分录过入工作底稿中的相应部分。

第四步，核对调整分录，借贷合计应当相等，资产负债表项目期初数加减调整分录中的借贷金额以后，应当等于期末数。

第五步，根据工作底稿中的现金流量表项目部分编制正式的现金流量表。

（二）T形账户法

T形账户法，就是以T形账户为手段，以利润表和资产负债表数据为基础，结合有关账户的记录，对现金流量表的每一项目进行分析并编制调整分录，从而编制现金流量表的一种方法。

采用T形账户法编制现金流量表的步骤如下。

第一步，为所有的非现金项目（包括资产负债表项目和利润表项目）分别开设T形账户，并将各自的期末期初变动数过入各该账户。

第二步，开设一个大的"现金及现金等价物"T形账户，每边分为经营活动、投资活动和筹资活动3个部分，左边记现金流入，右边记现金流出。与其他账户一样，过入期末期初变动数。

第三步，以利润表项目为基础，结合资产负债表分析每一个非现金项目的增减变动，并据此编制调整分录。

第四步，将调整分录过入各T形账户，并进行核对，该账户借贷相抵后的余额与原先过入的期末期初变动数应当一致。

第五步，根据"现金及现金等价物"T形账户编制正式的现金流量表。

（三）分析填列法

分析填列法是直接根据资产负债表、利润表和有关明细账户的记录，分析计算出现金流量表各项目的金额，并据以编制现金流量表的一种方法。

三、现金流量表的编制

本表"上期金额"栏内各项目数字，应根据上年该期现金流量表"本期金额"栏内所列数字填列。采用分析填列的方法，填列本表"本期金额"栏的各项目。

（一）经营活动产生的现金流量

1. "销售商品、提供劳务收到的现金"项目

本项目反映企业销售商品、提供劳务实际收到的现金（含销售收入和向购买者收取的增值税销项税额），包括本期销售商品、提供劳务收到的现金，以及前期销售商品、提供劳务本期收到的现金和本期预收的款项，减去本期销售本期退回商品和前期销售本期退回商品支付的现金。企业销售材料和代购代销业务收到的现金，也在本项目反映。本项目可以根据"库存现金""银行存款""应收账款""应收票据""预收账款""主营业务收入""其他业务收入"等账户的记录分析填列。

2. "收到的税费返还"项目

本项目反映企业收到返还的各种税费，如收到的增值税、消费税、关税、所得税和教育费附加返还等。本项目可以根据"库存现金""银行存款""营业外收入""其他应收款"等账户的记录分析填列。

3. "收到其他与经营活动有关的现金"项目

本项目反映企业收到的其他与经营活动有关的现金流入，如罚款收入、经营租赁固定资产收到的租金等。若某项其他与经营活动有关的现金流入金额较大，应单列项目反映。本项目可以根据"库存现金""银行存款""营业外收入"等账户的记录分析填列。

4. "购买商品、接受劳务支付的现金"项目

本项目反映企业购买材料、商品、接受劳务实际支付的现金（包括增值税进项税额），包括本期购入材料、商品、接受劳务支付的现金，以及本期支付前期购入商品、接受劳务的未付款项和本期预付款项，减去本期发生的购货退回收到的现金。企业代购代销业务支付的

现金，也在本项目反映。本项目可以根据"库存现金""银行存款""应付账款""应付票据""主营业务成本""其他业务成本"等账户的记录分析填列。

5. "支付给职工及为职工支付的现金"项目

本项目反映企业实际支付给职工的工资、奖金、各种津贴和补贴等职工薪酬，以及为职工支付的其他费用。代扣代缴的职工个人所得税，也在本项目反映。本项目不包括支付的离退休人员的各项费用和支付给在建工程人员的工资等。企业支付给离退休人员的各项费用，包括支付的统筹退休金及未参加统筹的退休人员的费用，在"支付其他与经营活动有关的现金"项目中反映；支付给在建工程人员等的工资，在"购建固定资产、无形资产和其他长期资产所支付的现金"项目中反映。本项目可以根据"应付职工薪酬""库存现金""银行存款"等账户的记录分析填列。

6. "支付的各项税费"项目

本项目反映企业发生并支付的税费，本期支付前期发生的税费及本期预交的税费，包括所得税、增值税、消费税、印花税、房产税、土地增值税、车船税、教育费附加等。本项目可以根据"应交税费""库存现金""银行存款"等账户的记录分析填列。

7. "支付其他与经营活动有关的现金"项目

本项目反映企业支付其他与经营活动有关的现金，如罚款支出、支付的差旅费、业务招待费、保险费、经营租赁支付的租金等。若其他与经营活动有关的现金流出金额较大，则应单列项目反映。本项目可以根据"库存现金""银行存款""管理费用""营业外支出"等账户的记录分析填列。

(二) 投资活动产生的现金流量

1. "收回投资所收到的现金"项目

本项目反映企业出售、转让或到期收回除现金等价物以外的对其他企业的权益工具、债务工具投资等收到的现金。收回债务工具实现的投资收益、处置子公司及其他营业单位收到的现金净额不包括在本项目内。本项目可以根据"交易性金融资产""可供出售金融资产""持有至到期投资""长期股权投资""库存现金""银行存款"等账户的记录分析填列。

2. "取得投资收益所收到的现金"项目

本项目反映企业除现金等价物以外的对其他企业的权益工具、债务工具投资等分回的现金股利和利息等，不包括股票股利。本项目可以根据"库存现金""银行存款""投资收益"等账户的记录分析填列。

3. "处置固定资产、无形资产和其他长期资产收回的现金净额"项目

本项目反映企业出售、报废固定资产、无形资产和其他长期资产取得的现金（包括因

项目七　编制财务报表

资产毁损收到的保险赔偿款），减去为处置这些资产而支付的有关费用后的净额。如果所收回的现金净额为负数，则应在"支付其他与投资活动有关的现金"项目反映。本项目可以根据"固定资产清理""库存现金""银行存款"等账户的记录分析填列。

4．"处置子公司及其他营业单位收到的现金净额"项目

本项目反映企业处置子公司及其他营业单位所取得的现金，减去相关处置费用及子公司与其他营业单位持有的现金和现金等价物后的净额。本项目可以根据"长期股权投资""银行存款""库存现金"等账户的记录分析填列。

5．"收到其他与投资活动有关的现金"项目

本项目反映企业除了上述各项目以外，收到的其他与投资活动有关的现金流入。若其他与投资活动有关的现金流入金额较大，则应单列项目反映。本项目可以根据"应收股利""应收利息""银行存款""库存现金"等账户的记录分析填列。

6．"购建固定资产、无形资产和其他长期资产支付的现金"项目

本项目反映企业购买、建造固定资产，取得无形资产和其他长期资产实际支付的现金，以及用现金支付的应由在建工程和无形资产负担的职工薪酬，不包括为购建固定资产而发生的借款利息资本化的部分，以及融资租入固定资产支付的租赁费。企业支付的借款利息和融资租入固定资产支付的租赁费，在筹资活动产生的现金流量中反映。本项目可以根据"固定资产""在建工程""无形资产""库存现金""银行存款"等账户的记录分析填列。

7．"投资支付的现金"项目

本项目反映企业取得除现金等价物以外的对其他企业的权益工具、债务工具投资等所支付的现金，以及支付的佣金、手续费等交易费用，但取得子公司及其他营业单位支付的现金净额除外。本项目可以根据"交易性金融资产""可供出售金融资产""持有至到期投资""长期股权投资""库存现金""银行存款"等账户的记录分析填列。

8．"取得子公司及其他营业单位支付的现金净额"项目

本项目反映企业购买子公司及其他营业单位购买出价中以现金支付的部分，减去子公司及其他营业单位持有的现金和现金等价物后的净额。本项目可以根据"长期股权投资""库存现金""银行存款"等账户的记录分析填列。

9．"支付其他与投资活动有关的现金"项目

本项目反映企业除了上述各项目以外，支付的其他与投资活动有关的现金流出，如企业购买股票时实际支付的价款中包含的已宣告而尚未领取的现金股利、购买债券时支付的价款中包含的已到期尚未领取的债券利息等。若某项与投资活动有关的现金流出金额较大，则应单列项目反映。本项目可以根据"应收股利""应收利息""银行存款""库存现金"等账

户的记录分析填列。

（三）筹资活动产生的现金流量

1. "吸收投资收到的现金"项目

本项目反映企业以发行股票、债券等方式筹集资金实际收到款项，减去直接支付的佣金、手续费、宣传费、咨询费、印刷费等发行费用后的净额。本项目可以根据"实收资本（或股本）""库存现金""银行存款"等账户的记录分析填列。

2. "取得借款收到的现金"项目

本项目反映企业举借各种短期、长期借款所收到的现金。本项目可以根据"短期借款""长期借款""库存现金""银行存款"等账户的记录分析填列。

3. "收到其他与筹资活动有关的现金"项目

本项目反映企业除上述各项目外，收到的其他与筹资活动有关的现金流入。若某项其他与筹资活动有关的现金流入金额较大，则应单列项目反映。本项目可以根据"银行存款""库存现金"等账户的记录分析填列。

4. "偿还债务支付的现金"项目

本项目反映企业偿还债务本金所支付的现金，包括偿还的借款本金、偿还债券本金等。企业支付的借款利息、债券利息，在"分配股利、利润或偿付利息支付的现金"项目反映，不包括在本项目内。本项目可以根据"短期借款""长期借款""应付债券""库存现金""银行存款"等账户的记录分析填列。

5. "分配股利、利润或偿付利息支付的现金"项目

本项目反映企业实际支付的现金股利，支付给其他投资单位的利润及支付的借款利息、债券利息等。本项目可以根据"应付股利""财务费用""长期借款""库存现金""银行存款"等账户的记录分析填列。

6. "支付其他与筹资活动有关的现金"项目

本项目反映企业除了上述各项目外，支付的其他与筹资活动有关的现金流出。若某项其他与筹资活动有关的现金流出如金额较大，则应单列项目反映。本项目可以根据"长期应付款""银行存款""库存现金"等账户的记录分析填列。

（四）汇率变动对现金及现金等价物的影响

本项目反映下列两项金额之间的差额。

（1）企业将外币现金流量及境外子公司的现金流量折算为人民币时，采用现金流量发生日的即期汇率或按照系统合理的方法确定的、与现金流量发生日即期汇率近似的汇率折算的人民币金额。

(2) 外币现金及现金等价物净增加额按资产负债表日即期汇率折算的人民币金额。

在编制现金流量表时，可逐笔计算外币业务发生的汇率变动对现金的影响，也可不必逐笔计算而采用简化的计算方法，即通过现金流量表补充资料中"现金及现金等价物净增加额"数额与现金流量表中"经营活动产生的现金流量净额""投资活动产生的现金流量净额""筹资活动产生的现金流量净额"3项之和比较，其差额即为"汇率变动对现金及现金等价物的影响"项目的金额。

参考文献

［1］中华人民共和国财政部. 企业会计准则 2006［M］. 北京：经济科学出版社，2006.
［2］中华人民共和国财政部. 企业会计准则——应用指南［M］. 北京：中国财政经济出版社，2006.
［3］财政部会计资格评价中心. 初级会计实务［M］. 北京：中国财政经济出版社，2018.
［4］高翠莲. 企业财务会计［M］. 北京：高等教育出版社，2018.
［5］史玉光. 新会计准则下商品流通企业会计实务［M］. 北京：电子工业出版社，2017.
［6］宁宝仁. 一看就懂商品流通企业会计［M］. 北京：高等教育出版社，2014.
［7］杨美秋. 商品流通企业会计核算实务［M］. 北京：电子工业出版社，2017.